安宁 蒙曼 许渊冲

解析 译

英译浪漫唐诗

许渊冲英译浪漫唐诗

我有所念人，隔在远远乡

汉英对照

图书在版编目（CIP）数据

我有所念人，隔在远远乡：汉英对照 / 许渊冲译；
蒙曼, 安宁解析. —— 南京：江苏凤凰文艺出版社，
2022.11
　　ISBN 978-7-5594-7138-3

Ⅰ.①我… Ⅱ.①许… ②蒙… ③安… Ⅲ.①古典诗
歌 – 诗集 – 中国 – 汉、英 Ⅳ.①I222

中国版本图书馆CIP数据核字(2022)第161577号

我有所念人，隔在远远乡：汉英对照

许渊冲　译　蒙曼　安宁　解析

责任编辑	周颖若	
特约编辑	刘文文　李辉	
装帧设计	末末美书	
出版发行	江苏凤凰文艺出版社	
	南京市中央路 165 号，邮编：210009	
网　　址	http://www.jswenyi.com	
印　　刷	北京盛通印刷股份有限公司	
开　　本	787 毫米 ×1092 毫米　1/32	
印　　张	8	
字　　数	150 千字	
版　　次	2022 年 11 月第 1 版	
印　　次	2022 年 11 月第 1 次印刷	
书　　号	ISBN 978-7-5594-7138-3	
定　　价	49.80 元	

江苏凤凰文艺版图书凡印刷、装订错误，可向出版社调换，联系电话025-83280257

地濕沙青雨淡天墻頭
春杏正鮮妍水邊新燕喃
泥蠶花下蜻蜓戲藥先
買醉江南好亭榭放歌曲
裹快扁躚一枝我意簪冠
去且與狂夫是爲聯
苦瓜老人雨花深雪

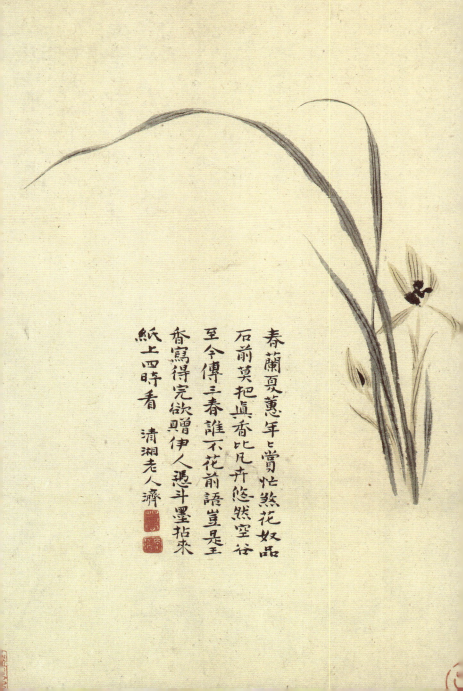

春蘭夏蕙年上嘗忙煞花奴品
石前莫把真香比凡卉悠然空谷
至今傳三春誰不花前語豈是王
香寫得完欲贈伊人憑斗墨拈來
紙上四時香　清湘老人濟

明窗琴几仙
铁出仙卿也共
人间讵不芳好
爵禄麈原日不
报香园最稿称
哀禄长情湘陈

目录 Contents

Looking at the Moon and Longing for One Far Away

Zhang Jiuling

Over the sea grows the moons bright;
We gaze on it far, far apart.
Lovers complain of long, long night;
They rise and long for the dear heart.
Candles blown out, fuller is light;
My coat put on, I'm moist with dew.
As I can't hand you moonbeams white,
I got to bed to dream of you.

望月怀远

张九龄

海上生明月，天涯共此时。

情人怨遥夜，竟夕起相思。

灭烛怜光满，披衣觉露滋。

不堪盈手赠，还寝梦佳期。

张九龄（673年或678年—740年）

　　唐开元尚书丞相，诗人。韶州曲江（今广东韶关西南）人。积极发展五言古诗，诗风清淡，以素练质朴的语言，寄托深远的人生慨望，对扫除唐初所沿袭的六朝绮靡诗风，贡献尤大。著有《曲江集》，被誉为"岭南第一人"。

　　张九龄的夫人谭氏，是始兴县越村大井头（今广东韶关）人。谭氏贤惠端庄，勤劳朴实，在张九龄入朝为官后，一直留在南方家中勤俭持家，至唐代至德二年（757年）77岁时去世，埋葬时与张九龄"同茔异穴"。

●译文

苍茫的大海上升起一轮明月，你我相隔天涯，却能看到同一轮皎洁的月亮。

多情的人怨恨这漫漫长夜，彻夜不眠，将你苦苦思念。

熄灭蜡烛，满室清幽的月光让人怜爱，披衣出门，露水沾湿了衣衫。

不能手捧这美丽的月光赠送给你，不如快快入睡，与你梦中相聚。

●解读

这首诗大致是开元二十四年（736年），张九龄遭奸相李林甫诽谤排挤后罢相，被贬为荆州长史后所写。这是一首月夜思念远方亲人的诗作，是望月怀思的名篇，开头两句已成千古佳句。全诗语言自然浑成，意境幽清，气势雄浑，构思巧妙，感人至深。

"海上生明月，天涯共此时"，几乎成为中国人共通的精神世界。这雄浑辽阔的海面，这细腻温婉的情思，令人动容。每个孤寂无眠的夜晚，抬头看向夜空，月亮都在那里散发幽静光泽。纵使有千言万语，你也无须多说什么，所有深沉的思念，都在皎洁的月光之中。这千百年来始终照耀着大地的月光啊，它见证了一切的悲欢喜乐，王朝兴衰，波澜壮阔，动荡烟尘。不能掬起一捧这圣洁的月光送你，就让我快快入睡，与心爱的人啊梦中相聚，共诉相思。

Since My Lord from Me Parted

Zhang Jiuling

Since my lord from me parted,
I've left unused my loom.
The moon wanes, broken-hearted
To see my growing gloom.

赋得自君之出矣

张九龄

自君之出矣，不复理残机。

思君如满月，夜夜减清辉。

知识小贴士

　　此诗是"赋得体"，凡摘取古人成句为题的诗，题首多冠以"赋得"二字。"自君之出矣"是乐府诗杂曲歌辞名。此诗描写了妻子独守家中时，内心的凄苦孤独和对远行丈夫深情的思念。诗人用满月到残月的变化，来比喻女子因相思而憔悴，含蓄婉转，形象生动。

　　诗中女子因思念丈夫太深，无心织布，懒做家事，以至于织机上落满尘灰，残破不堪。这破败的景象，让人倍感落寞清冷。长久没有响起的织机，仿佛在无声诉说着女子内心的苦楚与强烈的思念。"相去日已远，衣带日已缓"（《古诗十九首·行行重行行》）中，直接描摹思妇的消瘦形象，而此处则用动人的满月，象征女子昔日散发光洁的饱满容颜，而当满月变成残月，日日减去清辉，则像女子的憔悴日日加深。这一比喻含蓄动人，使整首诗充满浓郁的生活气息。

● 译文

自从你离家远行，我没有心思织布，织机也残破不堪。

对你的思念让我容颜消瘦憔悴，犹如天上的圆月，一夜一夜减弱了光辉。

● 解读

天上的织女因为思念地上的牛郎，始终织不成像样的布匹。而我因为思念远行的你，连织机都懒得打理，任由它落满尘灰，破败不堪。这残破黯淡的家园景象，让人更感清冷萧瑟，仿佛你这一去，家不成家。想起当初你在庭院，我走来走去，忙碌不休，做什么都轻松愉悦，心中洋溢着幸福快乐，即便日日疲惫，也丝毫没有察觉。

你看天上的那轮明月，起初它还是圆润的满月，就像我明亮的额头，满是皎洁莹润的光辉。可是而今啊，它日日消瘦，光辉变淡，你若抬头看到，就知道那是我憔悴的面容。

　　远行的人啊，请你和我一起，抬头看一眼此刻的
月亮。它将微弱的光亮洒满辽阔的大地，代我轻轻诉说，
这内心无边的哀愁。

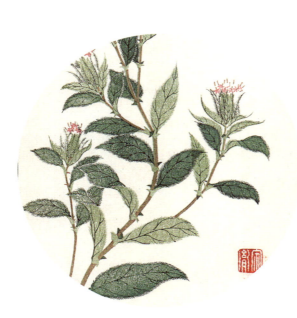

Sorrow of a Young Bride in Her Boudoir

Wang Changling

The young bride in her boudoir does not know what grieves;
She mounts the tower, gaily dresses, on a spring day.
Suddenly seeing by roadside green willow leaves,
How she regrets her lord seeking fame far away!

闺怨

王昌龄

闺中少妇不知愁，

春日凝妆上翠楼。

忽见陌头杨柳色，

悔教夫婿觅封侯。

王昌龄（？—756年）

　　唐朝时期大臣，著名边塞诗人。字少伯，京兆长安（今陕西西安）人。早年贫贱，困于农耕，年近不惑，始中进士。初任秘书省校书郎，又中博学宏词，授汜水尉，因事贬岭南。开元末返长安，改授江宁丞。被谤谪龙标尉。安史乱起，为刺史间丘晓所杀。王昌龄与李白、高适、王维、王之涣、岑参等人交往深厚。其诗以七绝见长，尤以边塞诗最为著名，有"诗家夫子""七绝圣手"之称。著有《王江宁集》六卷。

　　据传王昌龄左迁龙标尉时，在参观一位蛮族公主的闺房后，即兴创作了一首《初日》诗，描述了初升太阳照进一个女子闺房的场景。不想一日，这位漂亮的公主长跪王昌龄府衙之中，向其索要这首诗。索要原因是出于对王昌龄的欣赏爱慕，还是女儿家的害羞之情，不得而知。但王昌龄还是欣然将诗稿交给了公主。一个带有爱情色彩的故事，就此画上了句号。

●译文

　　闺阁中的少妇，从不知人间忧愁，

　　明媚的春日，她精心打扮，细化妆容，登上高楼。

　　忽见路边杨柳有了淡淡春色，一抹惆怅，涌上心头，

　　悔不该叫夫君从军边塞，建功封侯。

●解读

　　此诗是一首描写贵妇赏春时心理变化的闺怨诗。唐代前期，国力强盛，从军远征，立功边塞，成为人们"觅封侯"的重要途径。诗中的"闺中少妇"和她的丈夫，对此也同样充满斑斓的幻想。

　　诗人从少妇不知人间忧愁，只顾梳妆打扮的天真烂漫写起，再写她登上高楼赏春，忽见柳树又绿，瞬间醒悟，时光流逝，春情易失，于是悔恨当初怂恿"夫婿觅封侯"。诗中没有刻意去写怨愁，却将少妇微妙的心理变化和感情波澜，以先抑后扬的方式，传递而出，也折射出诗人想要传达的世俗荣华不如朝夕相爱的主旨。

　　即便养尊处优之女子，也有人间的哀愁。当初她

不知人间辛苦，努力劝说丈夫，男人应去塞外建功封爵，如此方不辜负人生。她深在闺中，不知苦寒之地的艰辛。她只日日描眉画影，对镜梳妆，以为人间永远都是春光流转，她的丈夫也将很快载誉归来。可是一日登上高楼远眺，忽见杨柳已着绿色，这明媚春光，让她生出哀愁，此时方知时光匆匆，又是一年流逝，可是远行的人啊，他迟迟没有归来。真后悔当初让他从军边塞，让这原本可以与他一同遍览的大好春光，白白流逝。

　　世间的荣华富贵啊，哪有年华与爱，更令人眷恋！

我有所念人，
隔在远远乡

A Wife Longing for Her Husband

Li Duan

The stars are sparse when sinks the moon before daybreak;
The lonely lamplight not yet quenched, she lies awake.
Not dressed up, opening the door with longing eyes,
She complains of the false news announced by magpies.

闺情

李端

月落星稀天欲明，孤灯未灭梦难成。

披衣更向门前望，不忿朝来鹊喜声。

李端（生卒年不详）

　　赵州（今河北赵县）人。大历五年（770年）中进士。任秘书省校书郎，官至杭州司马。李端才思敏捷，工于诗作，又长于弈棋，为"大历十才子"之一，辞官归隐衡山，自号衡岳幽人。其诗多为应酬之作，多表现消极避世思想，个别作品对社会现实亦有所反映，一些写闺情的诗清婉可诵，其风格与司空曙相似。今存《李端诗集》三卷。

　　永泰年间，李端结识唐代宗的驸马、汾阳王郭子仪第六子郭暧。郭暧经常在家聚会，李端因诗名出众，成为郭府常客。郭暧府中有一名叫镜儿的婢女，容貌极为艳丽，而且弹得一手好筝，李端对她很是喜爱。郭暧知晓后，许诺李端，如他能以《弹筝》为题写诗一首，并使在座客人高兴，就把镜儿转赠给他。李端立刻口占一首二十字的《弹筝》，众人皆叹服，他也成功抱得美人归。

● 译文

月落星稀，眼看着天就要亮了，却一夜未眠，一
盏孤灯还摇曳着昏黄的光。

披起衣服，走到门前急切地张望，恼恨报喜的鹊
声把人欺骗。

● 解读

这是一首书写闺中思妇彻夜难眠、盼夫归来的诗。
诗歌简洁明快，含蓄细腻，耐人寻味，生动地刻画出
了一个娇羞任性又妩媚天真的女子，一句口语化的"不
念"，让一个蹙眉噘嘴、抱怨喜鹊骗人的可爱女子，
跃然纸上。此句与唐代施肩吾《望夫词》中"自家夫
婿无消息，却恨桥头卖卜人"诗句，有着相似的写作
手法。

夜晚总是让女子心思飘忽，尤其一个深陷思念的
女子。闪烁的烛火、动荡的树影、窗外偶然响起的虫鸣、
枝头飒飒吹过的风声、路人轻微的咳嗽、日渐亮起的
光影、慢慢消隐的星辰和月亮，无不牵动着她的心。
任何细微的声响，都让她想起那个远行未归的爱人。

她日夜思念着他，每时每刻都在盼望着他归来，可是那个远行的人啊，却一去杳无音信，仿佛将她完全地忘记。她听见枝头喜鹊的叫声，急忙披衣下床，开门后四处张望，空空荡荡的庭院里，却一个人影也没有。她于是怨恨那只喜鹊，白白地让她空欢喜一场，连带地她也怨恨起那个人，为什么就不能写一封信来呢？为什么就不能早一些归来呢？她如此热烈地盼望着他啊，难道那个讨厌的人，就感应不到她一颗滚烫的心吗？哎，这恼人的愁思啊！

A Date

Li Yi

On bamboo mat I long for you without a break,
Coming from afar, you don't keep the date you make.
From now on, I won't care for any lovely night;
In vain on the west tower may the moon shine bright.

写情

李益

水纹珍簟思悠悠，千里佳期一夕休。

从此无心爱良夜，任他明月下西楼。

李益（746年—829年）

　　唐代诗人。字君虞，郑州（今属河南）人。大历四年（769年）
登进士第，建中四年（783年）登书判拔萃科。初因仕途失意，弃官
在燕赵一带漫游。后官至幽州营田副使、检校吏部员外郎，迁检校考
功郎中，加御史中丞，为右散骑常侍。太和初，以礼部尚书致仕。李
益以边塞诗作著名，擅长绝句，尤其是七言绝句。其代表作有《塞下
曲三首》《夜上受降城闻笛》等。

　　唐人蒋防的传奇小说《霍小玉传》曾记载了李益辜负霍小玉的故
事，是唐传奇的名篇。李益早岁入长安应试，与出身贱庶不幸沦落青
楼的霍小玉相爱。霍小玉明白自己的身份无法与李益真正在一起，便
和李益约定八年相爱，而后任由李益选娶名门闺秀为妻，自己出家为
尼。但李益授官郑县（今陕西华县）主簿之后，便屈从母命，与高门
卢氏女子成婚，躲避霍小玉不肯相见，后霍小玉相思成疾而死。李益
因负心行径受到当时舆论谴责，内心也留下阴影。从此"伤情感物，
郁郁不乐"。

●译文

躺在精美的竹席上，思绪万千，久久不能平静。期待已久的与恋人的约会，一下子告吹了。

从今以后，再也无心欣赏那良辰美景，管他明月下不下西楼。

●解读

这是一首描写因恋人失约而内心痛苦的失恋之歌。全诗语言简练，以美景衬哀情，用虚拟手法突出人物形象，诗境含蓄深邃，别具一格，历来为世人传诵。最后一句中"任他"二字，尤其精妙，既表现出主人公的心灰意懒，又描绘出其任性赌气的个性特点，逼真而又传神。

失约与失恋的痛苦，并无太大区别。在某种程度上，恋人间的失约，几乎等同于失恋。也或许，失约就是失恋的征兆，是一种暗示，或者委婉的表达。原本定好佳期的一次相见，却因其中的某一方，内心犹豫不定，或者心里起了波澜与疑虑，便一言不发地放弃赴约。可怜那痴痴等待的人啊，躺在席子上辗转反侧，等了又等，眼看着月亮升起，又划过了树梢，将要在破晓中隐退，那个说了要来的人，却始终没有来。于是内心伤痛，发下誓言，此后再也不爱这静谧月夜，任那一轮明月上了东楼，又下西楼，失恋的人啊，只砰一声将那心门紧紧关闭。

Song of the Southern Shore

Yu Hu

By riverside I pick white duckweed in company;
And watch the divine procession carelessly.
As I dare not show that for my husband I yearn,
I cast a coin aside to know when he'll return.

江南曲

于鹄

偶向江边采白蘋，还随女伴赛江神。

众中不敢分明语，暗掷金钱卜远人。

于鹄（？—814年？）
————

　　生平及字号不详，唐代诗人。唐代宗大历、德宗间久居长安，应举不第，后隐居汉阳（今湖北武汉）山中。贞元中历佐山南东道、荆南节度使幕。其诗语言朴实生动，清新可人；题材方面多描写隐逸生活，宣扬禅心道风，也有反映现实生活之作，其表现手法颇为冷峻。《全唐诗》存其诗约70首，其中以《巴女谣》和《江南曲》两首诗流传最广。

●译文

偶然到江边采摘白蘋，还随着女伴一起祭祀江神。

当着众人面不能明说心中所思，只能暗暗地投掷金钱，卜问我那远方郎君的音讯。

●解读

这是一首写闺情的诗，描述了一个年轻女子对于远方恋人不能对外人言说的思念之情。一般写闺情的诗歌，多从女子的梳妆打扮开始，然后以陌头杨柳、高楼远望、长夜无眠等写其哀伤的离情。这首诗却借质朴的民歌体裁，从民间占卜的习俗入手，淳朴清新，极富生活情趣，读来别具一格。

此诗前两句描述女子随同伴一起郊游和观看祭江神的情景，"偶向"和"还随"两个词语，可以看出女子被思念占据，无心郊游。后两句描述女子不敢对人言说心思，只能暗暗占卜，这暗中的细微动作，如此传神生动，让一个娇羞痴憨的闺中女子形象跃然纸上，也表现出她对远方爱人的深切思念。南宋词人王沂孙的《高阳台》中，有"屡卜佳期，无凭却恨金钱"

的句子，即是借用了这两句。黄叔灿在《唐诗笺注》中评价说：一片心情只自知。曰"偶向"，曰"还随"，分明最勉强从事，却就赛神，微露于金钱一卜，妙极形容。

　　一个女子内心一旦有了思念，对谁也不想说。她只将浓郁的思念藏在心里，任由它们发酵、膨胀，占满了她整个的身体，以至于她做什么都没有心思，仿佛魂魄已经跟着远方的人浪迹天涯。即便女伴们前来唤她出门祭祀江神，她也心不在焉。一路上似乎做了许多的事，别人做什么，她也做什么；别人看什么，她也看什么。甚至她也会随着别人一起欢笑，只是那笑里藏着苦涩。她跟着朋友们采了白𬞟，又祭了江神，可是内心无处可以排解的思念，依然将她缠绕。热闹是别人的，她除了思念，什么也没有。唯有背着朋友们，暗暗地投掷金钱，向上天一次次卜问着他何时归来的消息。

Autumn Thoughts for My Wife

Wang Ya

（Ⅰ）

In bygone years alone in empty room did I stay
To dream of the mountains of homeland far away
Seeing no wild geese bringing me your letter now
I only find the new moon like your arching brow.

秋思赠远二首·其一

王涯

当年只自守空帏，梦里关山觉别离。

不见乡书传雁足，唯看新月吐蛾眉。

王涯（约764年—835年）

字广津，太原（今山西太原西南）人。唐代大臣、宰相、诗人。
贞元进士，为翰林学士。元和年间拜中书侍郎、同中书门下平章事。
不久罢相，迁吏部侍郎，后出为剑南、东川节度使。文宗时复为相。
唐文宗太和九年（835年），朝廷"甘露之变"发生，王涯被禁军抓获，
腰斩于子城西南隅独柳树下，全家被诛灭，家产田宅被抄没。《全唐诗》
录其诗一卷。

《秋思赠远二首》大约创作于作者任东川节度使期间。据《唐才
子传》记载，王涯夫妻情笃，王涯虽做高官但"不蓄妓妾"，这两首
诗就是为表达他对妻子的思念之情而作。

●译文

当年立下心愿，与你离别后，心甘情愿独守空帷，梦中关山遥遥，历经千山万水与你相会，醒来始觉别离。

不见飞过的大雁捎来你的书信，只见一轮弯弯新月，仿佛你细细蛾眉。

●解读

《秋思赠远二首》是王涯的组诗作品。第一首诗通过描写梦幻关山、对月怀人等情境，表达诗人对妻子的思念和夫妻间缠绵悱恻的真情。全诗文笔干练，意境明朗，亲切感人。

前两句点出处境，兼诉情思，表现诗人思念妻子的深情。后两句写乡书不见、唯见新月，一个"唯"字，透露出诗人无可奈何的怅惘。短短四句诗，却写得情意真切，末句以景结情，更给人以语近情遥、含而不露的美感。

现实与梦境明明在闭眼睁眼之间，却又遥遥相隔，仿佛两个平行世界。人生无奈，不过如此。当年与爱人离别，发誓独守空房，但那时并不知晓，独自一人守着清冷飘忽的空气，又被思念折磨，仿佛被无数的虫子啃噬，心中无限苦痛。唯有在梦里，才能穿越万水千山，与爱人相见，诉说相思。可是那短暂的相会啊，一旦破晓醒来，便如梦幻泡影，消失不见。所有温存，都转瞬成空。大雁当空飞过，哀戚鸣叫，却并没有捎来你的情书。而那每晚升起的月亮，挂在浩渺的夜空，清丽温婉，更让我想起你细长的蛾眉，心中溢满无限哀愁。

Autumn Thoughts for My Wife

Wang Ya

（Ⅱ）
When tired of breaking willow branch before my bower,
I pluck at leisure by poolside the lotus flower.
I can not find your face when I ride on my horse,
But hear the cloud echo war cries of combat force.

秋思赠远二首·其二

王涯

厌攀杨柳临清阁，闲采芙蕖傍碧潭。

走马台边人不见，拂云堆畔战初酣。

知识小贴士

此诗通过厌攀杨柳、闲采荷花以及国事缠身无暇相思，来反衬诗人对妻子一往情深的挚爱真情。诗句既情思缠绵，又风格健美。思远之情深情款款，结尾又开阔雄浑。一收一放，读来颇为动人。

古人送别，常折柳相赠，杨柳触起离思，诗人自然厌之。可官署中的"清阁"，又似送别时的长亭，因此临清阁也同样惹人伤情。诗人极力想逃避这离思之苦，可碧潭中明艳动人的荷花，却又冲他娇笑，仿佛美目盼兮的娇妻。这离愁真是既苦且甜，懊恼缠人。想效张敞画眉之事已不可能，边关多事，应以国事为重，个人儿女私情暂且一放。诗人用国事说服自己从思念中解脱，恰是更深地表达了怀念妻子的缠绵之情。

● 译文

　　厌烦那清阁外的折柳送别，行至碧潭，闲采荷花，思念又起。

　　你在千里之外，我不能效张敞画眉，边关塞外，将士们正在鏖战，且将这思念暂且搁置。

● 解读

　　思念的人行至哪儿，都是离愁别绪。一只扑棱棱飞起的鸟儿，会惹他心里起了波澜。一片飘然落下的秋叶，会让他心生哀愁。一株枯黄的花草，会触动内心情思。看到风中飘荡的柳条，也想起离别时的妻子，她满怀不舍，依依惜别。曲折的长亭，又让他忆起，她曾将他送了一程又是一程，总是不肯留步。走至池畔，采了荷花，她的娇美容颜，又在眼前浮现。唉，这塞外边疆，国事缠身，想效仿古人画眉，那人也不在身边，还是将那缠人的思念暂且一放。可是思念一起，如洪水滔天，将人困住，岂是一个放字，就可轻易挥去？

我有所念人，
隔在远远乡

Leave Me Not

Meng Jiao

I hold your robe lest you should go.
Where are you, dear, going today?
Your late return brings me less woe
Than your heart being stolen away.

古别离

孟郊

欲别牵郎衣，郎今到何处。

不恨归来迟，莫向临邛去。

孟郊（751年—814年）

　　字东野，湖州武康（今浙江德清）人，祖籍平昌（今山东临邑东北），先世居洛阳（今属河南）。唐代著名诗人。因其诗作多写世态炎凉，民间苦难，故有"诗囚"之称，与贾岛并称"郊寒岛瘦"。现存诗歌500多首，以短篇五言古诗最多，代表作《游子吟》。

　　孟郊幼年丧父，中年丧妻，晚年丧子，一生悲苦。病逝后，一时竟然无人处理丧事。史载："家徒壁立，得亲友助，始得归葬洛阳。"韩愈为其作墓志铭，张籍倡议私谥曰贞曜先生，故韩愈题《贞曜先生墓志》）。

●译文

分别的时候，我牵着你的衣服问，这次你要去哪儿？

我不会责怪你归来太迟，只希望你千万不要到临邛那花花世界去。

●解读

这首诗用一个女子送别恋人时的场景，表现了她心中深深的不舍和依恋，以及对恋人可能移情别恋的忧虑。全诗情真意切、质朴自然，耐人寻味。

前两句写恋人临行之际，女子询问他的去处，这询问中既有不舍，又饱含女子的温柔缠绵。后两句点明她之所以相问，不是担心他会迟归，而是怕他前往临邛的花花世界，将她忘记。临邛富豪卓王孙之女卓文君新寡，司马相如以琴心挑之，因私奔相如，故古代诗文多以临邛为花花世界的代称。诗人用回环婉曲、欲进先退、摇曳生情的笔触，细腻地刻画出女子在渴望爱情美满的同时，又隐含着对未来可能发生变动的忧虑与不安。而女子的温婉一问，也折射出她坚贞诚挚、隐忍克制的品格。

深陷爱情的女子，即便爱人近在身边，也总是内心不安，这不安源自对未来人生的种种不确定。她因爱上他而生卑微，他的一举一动，都牵引着她的情思。他出门远行，她就心生忧虑，担心他的去处。外面的世界热闹喧哗，不知有多少个如她一样的女子，会忽然间走到他的身边，将他的心掳走。那个世界如此广阔，而他则是她的整个世界。他可以游山玩水，迟迟不归，他可以浪迹天涯，遍览山水。她却只能在小小的角落里，将他遥遥无期地等待。这一去，不知何时归来，但这并不重要。卑微让她后退一步，只要他能够守住孤独，即便晚归，她也能忍受无边等待的折磨。

唉，这离别的苦痛，这恍惚的未来，不知何时能够休止。

Complaint of Parting

Meng Jiao

The soughing autumn wind is blowing;
Grieved, I complain my man is going.
We face each other eye to eye;
Before I speak, I sob and sigh.
My heart is like a winding stream,
How can I tell my dreary dream?
When I miss him after we part,
We can but share moonlight apart.

古怨别

孟郊

飒飒秋风生，愁人怨离别。

含情两相向，欲语气先咽。

心曲千万端，悲来却难说。

别后唯所思，天涯共明月。

知识小贴士

这是一首写情人离愁的诗，细腻地描绘了一对情侣离别时难分难舍的场景。

诗人以秋风渲染离别的哀戚，写"含情"之难舍，以"气先咽"来描摹；写"心曲"之复杂，以"却难说"来概括；写离后之深情，以"共明月"来遐想。诗人换用不同的表现手法，把抽象的感情写得具体动人。特别是"悲来却难说"一句，将女子复杂的心理活动生动地传达出来。

"含情两相向，欲语气先咽。"写出了一对离人的表情。因这两句写得极为生动传情，宋代柳永便将它融入自己的词中，写出"执手相看泪眼，竟无语凝咽"（《雨霖铃》）的名句。

●译文

秋风瑟瑟，满目凄凉，无限哀愁，却不得不与你辞别。

含情脉脉，两两相对，想要对你说些什么，一字未语，热泪长流。

心中虽有千言万语，却因悲伤而无法诉说。

别后天各一方，相思之情能与谁说，也只有共赏一轮明月，寄托这无尽的相思。

●解读

离别时，心里有千言万语想对你说：想要告诉你，此去途中艰难险阻，你要好好照顾自己；想要告诉你，送你的礼物不要丢弃，那是我在伴你左右；想要告诉你，你写给我的每一封信，我都读了又读，长记心中；想要告诉你，门前的桂花树香气弥漫时，记得想起我们曾经在甜蜜的桂花香里，牵手走过门前那条长长的小巷。我还有许多许多的话，想要细细碎碎地说给你听，那些话说一生一世，也不会枯竭。

可是，我们在这瑟瑟的秋风里，即将分离。此后咫尺天涯，不知何日相见。想到人生如此无奈，我竟无语凝噎，说不出一句话。就让所有的思念与不舍，全都化成温热的眼泪。当你想我，记得抬头看一眼月亮，我就在朦胧的月光里，对着你微笑。

The Woman Waiting for Her Husband

Wang Jian

Waiting for him alone
Where the river goes by,
She turns into a stone
Gazing with longing eye.
Atop the hill from day to day come wind and rain;
The stone should speak to see her husband come again.

望夫石

王建

望夫处，江悠悠。

化为石，不回头。

山头①日日风复雨，

行人归来石应语。

①山头一作：上头。

王建（约767年—约830年）

———

　　字仲初，许州（今河南许昌）人。唐朝大臣，诗人。出身寒微，贫困潦倒。大历年间，考中进士，一度从军。中年入仕，历任昭应县丞、太府寺丞、秘书郎、太常寺丞，累迁陕州司马，世称"王司马"。王建擅于乐府诗，与张籍齐名，世称"张王乐府"。诗作题材广泛，同情百姓疾苦，生活气息浓厚，思想深刻。又善"宫词"，为研究唐代宫廷提供了重要材料。著有《王司马集》。

　　王建与大宦官王守澄有同宗之谊，关系颇好，常一起喝酒聊天。但王建并未利用这上好的人脉，只是在与王守澄的畅聊中，天真地满足着自己对宫廷秘闻掌故的好奇心，并因此创作出上百首诗歌史上最别致的"宫怨"诗，成为描绘唐代宫廷生活的"清明上河图"，王建也因此在诗歌史上挣得了一席之地。

●译文

在望夫石伫立的地方，江水千古奔流，滔滔不绝。

女子变成石头，永不回头。

在那高高的山巅上，每天风雨交加，望夫石却坚如磐石。

待到远行的人归来，石头定会倾诉相思。

●解读

这首诗是诗人居于武昌时，根据当地古老的民间传说以及望夫石石像所作的一首诗，歌颂了夫妻之间坚贞的爱情。

全诗抓住石之形与人之情，构思精巧。石之坚固，江水滔滔，风吹雨打，石能说话，这些意象都在暗喻着夫妻之间情感的坚贞与不朽。全诗刻画了古代女子深情动人的形象，也揭示出她们一生悲苦的命运。诗歌于平淡质朴中，蕴含着丰富的内容。

世人只赞叹女子化为望夫石的坚贞、勇敢、深情，却忘了这背后有着怎样的苦楚。这来自世俗日常的苦楚，是鸡零狗碎、实实在在的生活点滴。是一日三餐，是婴孩嗷嗷待哺，是公婆年迈，是邻人欺侮，是皱纹爬满了额头。与风雨交加的山崖上永无休止的等待相比，这些触手可及的人生细节，更让人绝望。等待，在确切的消息抵达之前，至少包含着缥缈的希望。但到死亡才能终结的生活，却石头一样重重地压下来，让一个柔弱的女子无法喘息。世间哪个女子愿意在山崖上无尽地等待呢？尽管人生除了偶尔的光亮，剩下的更多是无尽的等待。可是，若非迫不得已，又有谁愿意站成悲壮的望夫石——这绝望爱情的墓碑。

In Reverie

Zhang Zhongsu

By city wall wave willows slender
And roadside mulberry leaves tender.
She gathers not, basket in hand,
Still dreaming of the far-off-land.

春闺思

张仲素

袅袅城边柳，青青陌上桑。

提笼忘采叶，昨夜梦渔阳。

张仲素（约 769 年—819 年）

　　唐代诗人，字绘之，符离（今安徽宿州）人。宪宗时为翰林学士，后迁中书舍人。其诗多为乐府歌词，以写闺情见长，语言清婉爽洁，悠远飘逸。题材上以写征人思妇居多，也有描写官乐春旅的作品。《全唐诗》录其诗 39 首。

　　唐代工部尚书张愔宠妾为名妓关盼盼，张愔病逝徐州后，葬于洛阳北邙山。关盼盼无法忘记夫妻情谊，遂移居徐州城郊云龙山麓张愔生前为其修建的燕子楼，为张愔守节。曾在张愔手下任职多年的张仲素，因对关盼盼生活十分了解，便在拜访白居易时，向其详细讲述了盼盼的故事，并给白居易看了自己为盼盼所写的 3 首《燕子楼新咏》。白居易因曾得张愔盛情款待，也写了 3 首燕子楼的诗，唱和张仲素。自此，张愔与关盼盼的美好爱情，成为文人墨客常写不衰的文学题材。

● 译文

城边是袅袅飘荡的杨柳，路旁是大片碧绿的桑田。

提着篮子却忘了采摘桑叶，想起昨夜又梦到你戍边的渔阳。

● 解读

唐代边境战争频繁，加上安史之乱，给人民带来很多痛苦，故唐诗中有大量描写征夫思妇彼此怀念的作品。这首《春闺思》就是这类作品。此诗描写了女子在生机勃勃的春天采集桑叶时，对远征丈夫突然而至的强烈的思念。全诗虽篇幅短小，但构思新巧，人物刻画生动，语约意远，堪称佳作。

"提笼忘采叶"，这首诗中非常精彩的一笔，是"从《卷耳》首章翻出"（明代杨慎）。《诗经·周南·卷耳》是写女子怀念征夫之诗，其首章云："采采卷耳，不盈顷筐。嗟我怀人，置彼周行。"卷耳老采不满筐，是因心不在焉、老是"忘采叶"之故，其情景与此诗有神似处。但《春闺思》不是《卷耳》的简单模仿，它在女子昨晚的梦境中忽然停住，让读者自己去继续想象，颇有琴弦停止、余音绕梁之悠长意境。

春天总是让人思念，天地间一切生命都充满勃勃生机，阳光照耀着刚刚发出嫩芽的柳条，那里闪闪发亮，仿佛昨晚照亮漫漫长夜的梦境。在那梦里，她的魂魄穿越千山万水，抵达他守卫的边地。她跟他说了许多的话，就像他们在一起生活了小半生。她也将春天的一抹温暖带给了他，驱散边地呼啸的大风。此刻，她走在这绿意盎然的田间，又想起昨夜梦中的欢会。时光忽然停止，她忘了采集桑叶，忘了这世俗人间，她将一切暂停，只想念那个梦中的片段。那一刻，春光烂漫，美如初见。

The Willows

Liu Yuxi

Thousands of willows see the winding river flow
Beneath the wooden bridge of twenty years ago,
On which my beauty parted with me and went away.
How I regret no news of her comes e'en today!

柳枝词

刘禹锡

清江一曲柳千条，

二十年前旧板桥。

曾与美人桥上别，

恨无消息到今朝。

刘禹锡（772年—842年）

　　字梦得，洛阳（今属河南）人，唐朝文学家，哲学家，有"诗豪"之称。曾任监察御史。他的家庭是一个世代以儒学相传的书香门第。政治上主张革新，是王叔文派政治革新活动的中心人物之一，后来永贞革新失败，被贬为朗州（今湖南常德）司马。刘禹锡诗文俱佳，涉猎题材广泛，与柳宗元并称"刘柳"，与韦应物、白居易合称"三杰"，并与白居易合称"刘白"，留下《陋室铭》《竹枝词》《杨柳枝词》《乌衣巷》等名篇。

　　据记载，刘禹锡在苏州刺史任内，与曾任司空的李绅交好。李绅邀他饮酒，还请了歌妓作陪。刘禹锡有所感而作诗一首，其中有这样四句："高髻云鬟宫样妆，春风一曲杜韦娘。司空见惯浑闲事，断尽苏州刺史肠。"意思是说，李司空对歌妓作陪这样的场景已经见惯了，不觉得奇怪，刘禹锡对此却有断肠刻骨之痛。据传，李绅为表明自己并非迷恋女色，不久要将歌妓送给刘禹锡，被刘禹锡婉谢。这也是"司空见惯"这一成语的典故来处。

●译文

一湾清澈的江水，岸边千万条柳枝垂下，忽然忆起二十年前在这旧板桥上的一件事。

曾与佳人在此告别，只是到如今，与她再无联系。

●解读

这是一首故地重游忆旧人的诗，明代杨慎、胡应麟誉之为神品。

此诗有三个妙处。其一，怀念故人却欲说还休，是此诗含蓄之妙。其二，运用倒叙手法，首尾相衔，采用"今—昔—今"的婉曲回环方式，是此诗结构之妙。其三，此诗系对白居易《板桥路》的改写，却青出于蓝而胜于蓝。白居易《板桥路》云："梁苑城西二十里，一渠春水柳千条。若为此路今重过，十五年前旧板桥。曾共玉颜桥上别，恨无消息到今朝。"此诗删减掉《板桥路》中间两句，便觉精彩动人，颇见剪裁之妙。

每个人心里都藏着一桩旧事，那旧事无限深情，提起来便会疼痛，仿佛它是我们生命的一部分，与饱满的血肉相连。那旧事是你的爱与恨，是不再回来的年少轻狂，是生命中熠熠闪光的一小段时光，是光是火，是人生飞蛾扑火般曾经追求的一切。而今你功成名就，回到旧地，漫步桥上，忽然又想起她。想起曾经放弃的那个人，原来已经化为生命中最为闪亮的瞬间，你因这瞬间而觉出生命的意义。这从未息止的江水，这黄了又绿的杨柳，这被千万人走过的旧桥，它们因一个再无消息的旧人，而在此刻，散发光芒。

The Everlasting Regret

Bai Juyi

The beauty-loving monarch
longed year after year
To find a beautiful lady without a
peer.
A maiden of the Yangs to wom-
anhood just grown,
In inner chambers bred, to the
world was unknown.
Endowed with natural beauty too
hard to hide,
She was chosen one day to be
the monarch's bride.
Turing her head, she smiled so
sweet and full of grace
That she outshone in six palaces
the fairest face.
She bathed in glassy water of
Warm-fountain Pool
Which laved and smoothed her
creamy skin when spring was
cool.
Without her maids' support, she
was too tired to move,
And this was when she first re-
ceived the monarch's love,

Flower-like face and cloud-like
hair, golden-head dressed,
In lotus-adorned curtain she
spent the night blessed.
She slept till the sun rose high
for the blessed night was
short,
From then on the monarch held
no longer morning court.
In revels as in feasts she shared
her lord's delight,
His companion on trips and his
mistress at night.
In inner palace dwelt three thou-
sand ladies fair,
On her alone was lavished royal
love and care.
Her beauty served the night
when dressed up in Golden
Bower,
She was drunk with wine and
spring at banquet in Jade
Tower.
Her sisters and brothers all re-
ceived rank and fief,
And honors showered on her
household, to the grief
Of fathers and mothers who
would rather give birth

To a fair maiden than to any son
  on earth.
The lofty palace towered high
  into the cloud;
With divine music borne on the
  breeze the air was loud.
Seeing slow dance and hearing
  fluted or stringed song.
The emperor was never tired the
  whole day long.
But rebels beat their war drums,
  making the earth quake
And "Song of Rainbow Skirt and
  Coat of Feathers" break,
A cloud of dust was raised o'er
  city walls nine-fold;
Thousands of chariots and horse-
  men southwestward rolled.
Imperial flags moved slowly now
  and halted then.
And thirty miles from Western
  Gate they stopped again.
Six armies—what could be
  done—would not march with
  speed
Unless fair Lady Yang be killed
  before the steed.
None would pick up her hairpin
  fallen on the ground

Nor golden bird nor comb with
  which her head was crowned.
The monarch could not save her
  and hid his face in fear;
Turning his head, he saw her
  blood mix with his tear
The yellow dust widespread, the
  wind blew desolate;
A serpentine plank path led to
  cloud-capped Sword Gate.
Below the Eyebrow Mountains
  wayfarers were few;
In fading sunlight royal standards
  lost their hue,
On Western water blue and West-
  ern mountains green
The monarch's heart was daily
  gnawed by sorrow keen.
The moon viewed from his tent
  shed a soul-searing light;
The bells heard in night rain made
  a heart-rending sound.
Suddenly turned the tide. Return-
  ing from his flight,
The monarch could not tear him-
  self away from the ground
Where mid the clods beneath the
  Slope he couldn't forget
The fair-faced Lady Yang who

was unfairly slain.

He looked at his courtiers, with
tears his robe was wet;

They rode east to the capital but
with loose rein.

Come back, he found her pond
and garden in old place,

With lotus in the lake and wil-
lows by the hall,

Willow leaves like her brows
and lotus like her face,

At the sight of all these, how
could his tears not fall?

Or when in vernal breeze were
peach and plum full-blown

Or when in autumn rain parasol
leaves were shed?

In Western as in Southern Court
was grass o'ergrown;

With fallen leaves upswept the
marble steps turned red,

Actors, although still young, be-
gan to have hair grey.

Eunuchs and waiting maids
looked old in palace deep.

Fireflies flitting the hall, mutely
he pined away;

The lonely lampwick burned out,
still he could not sleep

Slowly beat drums and rang
bells, night began to grow
long;

Bright shone the Starry Stream,
daybreak seemed to come
late,

The lovebird tiles grew chilly
with hoar frost so strong;

His kingfisher quilt was cold,
not shared by a mate.

One long, long year the dead
with the living was parted;

Her soul came not in dreams to
see the broken-hearted.

A taoist sorcerer came to the
palace door,

Skilled to summon the spirits
from the other shore.

Moved by the monarch's yearn-
ing for the departed fair,

He was ordered to seek for her
everywhere.

Borne on the air, like flash of
lightning flew;

In heaven and on earth he
searched through and
through.

Up to the azure vault and down
to deepest place,

Nor above nor below could he
e'er find her trace.

He learned that on the sea were
fairy mountains proud,

Which now appeared now disap-
peared amid the cloud

Of rainbow colors, where rose
magnificent bowers

And dwelt so many fairies as
graceful as flowers.

Among them was a queen whose
name was Ever True;

Her snow-white skin and sweet
face might afford a clue,

Knocking at western gate of pal-
ace hall, he bade

The fair porter to inform the
queen's waiting maid,

When she heard that there came
the monarch's embassy,

The queen was startled out of
dreams in her canopy.

Pushing aside the pillow, she
rose and got dressed,

Passing through silver screen and
pearl shade to meet the guest.

Her cloud-like hair awry, not full
awake at all,

Her flowery cap slanted, she

came into the hall.

The wind blew up her fairy
sleeves and made them float

As if she danced still "Rainbow
Skirt and Feathered Coat".

Her jade-white face crisscrossed
with tears in lonely world

Like a spray of pear blossoms in
spring rain impearled.

She bade him thank her lord,
lovesick and broken-hearted;

They knew nothing of each other
after they parted,

Love and happiness long ended
within palace walls;

Days and nights appeared long
in the Fairyland halls.

Turning her head and fixing on
the earth her gaze,

She found no capital 'mid clouds
of dust and haze.

To show her love was deep, she
took out keepsakes old

For him to carry back, hairpin
and case of gold.

Keeping one side of the case and
one wing of the pin;

She sent to her lord the other half
of the twin;

"If our two hearts as firm as the gold should remain,

In heaven or on earth some time we'll meet again,"

At parting, she confided to the messenger

A secret vow known only to her lord and her.

On seventh day of seventh moon when none was near,

At midnight in Long Life Hall he whispered in her ear.

"On high, we'd be two birds flying wing to wing;

On earth, two trees with branches twined from spring to spring."

The boundless sky and endless earth may pass away,

But this vow unfulfilled will be regretted for aye.

长恨歌

白居易

汉皇重色思倾国，御宇多年求不得。

杨家有女初长成，养在深闺人未识。

天生丽质难自弃，一朝选在君王侧。

回眸一笑百媚生，六宫粉黛无颜色。

春寒赐浴华清池，温泉水滑洗凝脂。

侍儿扶起娇无力，始是新承恩泽时。

云鬓花颜金步摇，芙蓉帐暖度春宵。

春宵苦短日高起，从此君王不早朝。

承欢侍宴无闲暇，春从春游夜专夜。

后宫佳丽三千人，三千宠爱在一身。

金屋妆成娇侍夜，玉楼宴罢醉和春。

姊妹弟兄皆列土，可怜光彩生门户。

遂令天下父母心，不重生男重生女。

骊宫高处入青云，仙乐风飘处处闻。

缓歌慢舞凝丝竹，尽日君王看不足。

渔阳鼙鼓动地来，惊破霓裳羽衣曲。

九重城阙烟尘生，千乘万骑西南行。

翠华摇摇行复止，西出都门百余里。

六军不发无奈何，宛转蛾眉马前死。

花钿委地无人收，翠翘金雀玉搔头。

君王掩面救不得，回看血泪相和流。

黄埃散漫风萧索，云栈萦纡登剑阁。

峨眉山下少人行，旌旗无光日色薄。

蜀江水碧蜀山青，圣主朝朝暮暮情。

行宫见月伤心色，夜雨闻铃肠断声。

天旋日转①回龙驭，到此踌躇不能去。

马嵬坡下泥土中，不见玉颜空死处。

君臣相顾尽沾衣，东望都门信马归。

归来池苑皆依旧，太液芙蓉未央柳。

芙蓉如面柳如眉，对此如何不泪垂？

春风桃李花开夜②，秋雨梧桐叶落时。

西宫南内③多秋草，落叶满阶红不扫。

①日转一作：地转。

②花开夜一作：花开日。

③南内一作：南苑。

梨园弟子白发新，椒房阿监青娥老。
夕殿萤飞思悄然，孤灯挑尽未成眠。
迟迟钟鼓初长夜，耿耿星河欲曙天。
鸳鸯瓦冷霜华重，翡翠衾寒谁与共？
悠悠生死别经年，魂魄不曾来入梦。
临邛道士鸿都客，能以精诚致魂魄。
为感君王辗转思，遂教方士殷勤觅。
排空驭气奔如电，升天入地求之遍。
上穷碧落下黄泉，两处茫茫皆不见。
忽闻海上有仙山，山在虚无缥缈间。
楼阁玲珑五云起，其中绰约多仙子。
中有一人字太真，雪肤花貌参差是。
金阙西厢叩玉扃，转教小玉报双成。
闻道汉家天子使，九华帐里梦魂惊。
揽衣推枕起徘徊，珠箔银屏迤逦开。
云鬓半偏新睡觉，花冠不整下堂来。
风吹仙袂飘飖①举，犹似霓裳羽衣舞。

①飘飖一作：飘飘。

玉容寂寞泪阑干，梨花一枝春带雨。

含情凝睇谢君王，一别音容两渺茫。

昭阳殿里恩爱绝，蓬莱宫中日月长。

回头下望人寰处，不见长安见尘雾。

惟将旧物表深情，钿合金钗寄将去。

钗留一股合一扇，钗擘黄金合分钿。

但令①心似金钿坚，天上人间会相见。

临别殷勤重寄词，词中有誓两心知。

七月七日长生殿，夜半无人私语时。

在天愿作比翼鸟，在地愿为连理枝。

天长地久有时尽，此恨绵绵无绝期。

①但令一作：但教。

白居易（772年—846年）

　　字乐天，祖籍山西太原，生于河南新郑，唐代三大诗人之一。白居易与元稹共同倡导新乐府运动，世称"元白"，与刘禹锡并称"刘白"。白居易的诗歌题材广泛，形式多样，语言平易通俗，有"诗魔"和"诗王"之称。官至翰林学士、左赞善大夫。有《白氏长庆集》传世，代表诗作有《长恨歌》《卖炭翁》《琵琶行》等。

　　白居易与青梅竹马的邻家妹妹湘灵相恋多年，无奈因门第不同，被母亲强行拆散，白居易曾为其写下许多诗歌。正是因为这段初恋悲剧，才为他写出《长恨歌》中的绵绵长恨，打下情感基础。白居易此后曾以不婚来抗争，后母亲以死相逼，37岁的白居易经人介绍，才与同僚杨汝士的妹妹结婚。婚后两人生活平静，也时有争吵和磕绊，育有两女一子，仅二女儿长大成人。或许是因初恋情伤，或许是因政坛失意，晚年的白居易半官半隐，沉迷蓄养家妓，诗中有记录的便有十几人，最出名的是小蛮和樊素，白居易曾为她们诗曰："樱桃樊素口，杨柳小蛮腰。"

●译文

　　唐明皇喜欢倾国倾城的女子，自从当上皇帝，寻找绝代佳人多年，却一无所获。杨家的女儿杨玉环刚刚长大，娇艳可人，养在深闺，无人知晓她美丽绝伦。天生丽质不会被埋没，有朝一日，终于被选为唐明皇的妃嫔。

　　她回眸一笑时，千娇百媚，六宫妃嫔与她相比，都黯然失色。春寒料峭时，皇帝赐她到华清池沐浴，温润的泉水洗涤着凝脂一般的肌肤。侍女搀扶她出浴，如出水芙蓉，娇弱柔美，自此开始得到皇帝的宠幸。

她鬓发如云，貌美如花，头上插着金步摇，在温暖的芙蓉帐里，与皇帝共度春宵。情深只恨春宵太短，一觉睡到艳阳高照。君王深陷儿女情长的温柔乡，从此再也不去早朝。

贵妃承受君欢，服侍君饮，忙得没有闲暇。春日陪皇上一起出游，晚上夜夜侍寝。后宫中妃嫔不下三千人，却只有她独享皇帝的恩宠。金屋中梳妆打扮，夜夜撒娇不离君王，玉楼上酒酣宴罢，醉意更添妖媚风情。兄弟姐妹都因她封侯，杨家门户光耀，让人羡慕。天下父母甚至因此改变了心意，觉得生男不如生女。华清宫里玉宇琼楼，高耸入云，宫中仙乐飘飘，处处都可听到。每日轻歌曼舞，丝竹弹奏，君王百看不厌。

谁知渔阳叛乱忽起，战鼓震耳欲聋，宫中停奏《霓裳羽衣曲》。九重宫殿霎时尘土飞扬，君王带着大批臣子美眷，向西南逃亡。车队走走停停，西出长安才百余里，六军停滞不前，要求赐死杨贵妃。君王无奈，只得在马嵬坡下缢杀杨贵妃。贵妃头上的饰品，翠翘金雀玉搔头，撒得遍地都是，无人收拾。君王欲救不能，掩面而泣，回头看到贵妃惨死的场景，血泪止不住地流下。

大风萧索，黄土弥漫，从云雾缭绕的栈道登上剑阁。

只见峨眉山下行人稀少，旌旗无色，日光黯淡。蜀地
山清水秀，但君王的心啊，却日夜思念。行宫里抬头
望月，满目凄然，雨夜听见乐曲，声声带悲。

　　叛乱平息后，君王重返长安，路过马嵬坡，徘徊
不前。萋萋马嵬坡下，不见佳人容颜，唯有坟茔，躺
在荒凉的山中。君臣相顾，泪湿衣衫，东望京都，心
生伤悲，信马由缰回归朝堂。

　　回来看到池苑依旧，太液池边芙蓉仍在，未央宫
中垂柳未改。芙蓉开得好似贵妃的脸，细细柳叶则像
她的蛾眉，此情此景，如何不让人心生悲戚，默默垂泪？
春风吹开了桃李，秋雨滴落梧桐树叶。兴庆宫和甘露
殿里遍地萧条，秋草丛生。宫内台阶上满是落叶，长
久不见有人打扫。戏子们头发已经雪白，宫女们红颜
尽褪。黄昏宫殿中流萤飞舞，孤灯油尽，君王仍然无
法入眠。细数迟迟钟鼓声，愈发觉得长夜漫漫。遥望
耿耿星河天，直到东方升起曙光。鸳鸯瓦上霜花重生，
冰冷的翡翠被里，谁与君王同眠？生死相隔已是一年，
魂魄却从未在梦中相会。

　　临邛道士正客居长安，据说他能以法术招来魂魄。
君王思念贵妃的情意令他感动，遂接受皇命，殷勤寻
找贵妃魂魄。只见他御气排云，像一道电光飞行，上

了九天，又入黄泉，可是都没见到她的踪影。忽然听说海上有一座仙山，上面云雾缭绕，楼阁玲珑，似朵朵彩云，有许多美妙的仙子。当中有一人，叫太真，肌肤如雪，容貌似花，好像就是君王要找的杨贵妃。

方士到了仙宫，叩响西厢的门，通报消息的是侍婢小玉和董双成。太真听说君王的使者到了，从帐中惊醒。推开枕头穿上衣服下得床来，银屏与珠帘都依次打开。只见她头上云鬓半偏，刚刚睡醒，花冠还没整好便走下堂来。轻柔的仙风吹拂着衣袖微微飘动，就像当年霓裳羽衣的舞姿，袅袅婷婷。她寂寞的玉容上眼泪滑落，好似一枝春天带雨的梨花。

她含情凝视天子的信使，托他深谢君王。自从生离死别，再难相见，音信两茫茫。昭阳殿里的姻缘早已断绝，蓬莱宫中的日月如此漫长。向下俯视，不见长安，只看到云雾缥缈。只有用当年的信物表达我的深情，钿盒金钗请你带去，给君王留作纪念。金钗留下一股，钿盒留下一扇，我们一人一半。但愿我们相爱的心，就像黄金宝钿一样忠贞坚硬，天上人间，总会再相见。临别又细细叮咛方士，还有一句紧要的话，这句誓言只有我和他知道。当年七月七日长生殿中，夜半无人，我们共起山盟海誓：在天愿作比翼鸟，在地愿为连理枝。天长地久也总有一天终结，但这生死遗恨，却绵绵不绝，永无尽头。

● 解读

《长恨歌》是白居易诗作中脍炙人口的名篇，作于元和元年（806年）。当时白居易在盩厔县（今陕西周至）任县尉，这首诗是他和友人陈鸿、王质夫同游仙游寺，有感于唐玄宗和杨贵妃的故事而创作。这首长篇叙事诗语言精练，形象优美，情感动人，叙述了唐玄宗和杨贵妃在安史之乱中的爱情悲剧。诗人并未拘泥于历史，而是将历史、民间传说和街坊歌唱糅合在一起，构思出一个回旋曲折、宛转动人的爱情故事，再用回环往复、缠绵悱恻的艺术形式，描摹歌咏而出。

《长恨歌》的主题历来成为读者争论的焦点。观点大抵分为三种：其一为爱情主题说。颂扬唐玄宗和杨贵妃之间爱情的真挚与执着。其二为政治主题说。认为诗的重点在于讽喻，谴责唐明皇荒淫导致安史之乱以垂诫后世君主。其三为双重主题说。认为它是揭露与歌颂统一的主题，诗人将讽喻和同情交织，既为爱情悲剧洒下一捧同情的泪水，又指责失政遗恨。但不管白居易创作初衷如何，"在天愿作比翼鸟，在地愿为连理枝。天长地久有时尽，此恨绵绵无绝期"四句诗中所闪烁的爱情的光芒，穿越了千年的光阴，依然深深打动着我们。

爱恨交加，悲欣交集，我们大多数人都将这样度过一生。或许你一生落魄，没有荣光，或许你大起大落，波澜壮阔，但当我们站在死亡的边缘，回望这漫长而又短暂的一生，谁能清楚地知晓哪些是爱，哪些是恨？哪些是悲，哪些是喜？它们犹如初春与深冬，总是在春寒料峭处，雪花纷飞时，我们在某个转角处，会与一朵璀璨晶莹的花朵相遇。恰恰是这样复杂难辨的情感，让我们的生命更趋饱满，且饱含着动人的色泽。也让站在生命边缘的死亡，看上去不再那样让人畏惧。贵为君王，尚且有人生的无奈，爱情的遗恨，生死的苍茫，更何况我们芸芸众生。人类自从诞生的那一天起，爱恨就和我们相伴相随。那璀璨的爱情啊，尽管短暂犹如绚烂的烟花，却依然让我们飞蛾扑火般永不停息地追寻。那刻骨的遗恨啊，尽管如尖锐的刀子一样刺伤了我们的心，却也必将化作永恒的星辰，让后人在某个夜晚仰望星空时，生出深深的疼痛。

To One in Yangzhou

Xu Ning

Your bashful face could hardly bear the weight of tears;
Your long, long brows would easily feel sorrow nears.
Of all the moonlit nights on earth when people part,
Two-thirds shed sad light on Yangzhou with broken heart.

忆扬州

徐凝

萧娘脸薄难胜泪，桃叶眉尖易觉愁。

天下三分明月夜，二分无赖是扬州。

徐凝（生卒年不详）

睦州（今浙江建德）人，主要活动在唐宪宗元和年间（806年—820年）。精研吟咏，无意进取，后游于长安，竟无所成（一说官至侍郎），遂归隐故里，优游而终。与韩愈、白居易、元稹等有交往。徐凝诗102首，其中提及牡丹的3首诗作，为后人所推崇。代表作有《忆扬州》《奉酬元相公上元》等。《全唐诗》存其诗一首。

徐凝因写《庐山瀑布》一诗，被白居易称赞，却被后世苏轼拿来与李白《望庐山瀑布》相比，并心生贬损，写下《戏徐凝瀑布诗》。

● 译文

忆起你容颜娇美，难以承受离别时的眼泪，眉头
微蹙，写满了忧愁。

抬头见一轮皎洁明月，若将它的光亮分成三份，
其中两份，会照在此刻思念的扬州。

● 解读

这是一首怀人诗，但标题不明说怀人，偏说怀地。
诗人不写自己的深沉怀念，而写远人的别时音容；不
写扬州的宜人风物，只以离恨千端的绵绵情怀，追忆
当日的离别之情。诗人将月光分成三份，扬州独占两份，
如此构思，独具匠心。

诗中"三分""无赖"的奇特想象，也有它的渊
源与后世影响。《论语》中赞颂周文王："三分天下
有其二，以服事殷。"谢灵运说："天下才有一石，
曹子建独占八斗，我得一斗，天下共分一斗。"而徐
凝这首诗中的"三分之二"，诗意而又新奇，使得后
世之人对扬州的向往如醉如痴，"二分明月"自此成
为扬州的代称。宋代苏轼在《水龙吟·次韵章质夫杨
花词》中则曰："春色三分，二分尘土，一分流水。"

王安石的《夜直》"春色恼人眠不得,月移花影上栏杆","春色恼人"就运用了"月色无赖"的手法。

深陷思念的人,总是看花不是花,睹月不是月,见云不是云。见到花朵凋零,便想起离别时恋人的眼泪,一滴一滴,击破深沉的夜色。看到天上云朵飘荡,来了又去,便忆起人生匆匆,一别经年,不知何日与恋人再相见。瞥见落叶回归大地,便心生艳美,感伤天涯海角,不能与恋人相拥。夜晚推门,抬头见天上明月,又心生哀愁,恨不能将这一轮美好的月亮,分成三份,其中两份,拿去照亮离别的城市,也照亮那里此刻正抬头一起看月的恋人。

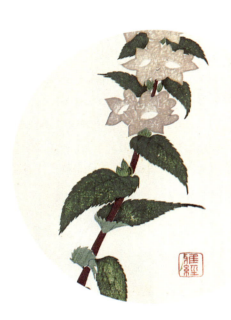

At Parting

Du Mu

(I)
Not yet fourteen, she's fair and slender
Like early budding flower tender.
Though Yangzhou Road's beyond compare,
Pearly screen uprolled, none's so fair.

赠别二首·其一

杜牧

娉娉袅袅十三余，豆蔻梢头二月初。

春风十里扬州路，卷上珠帘总不如。

杜牧（803年—853年）

晚唐诗人。字牧之，京兆万年（今陕西西安）人。宰相杜佑之孙。大和进士，授宏文馆校书郎。多年在外地任幕僚，后历任监察御史，史馆修撰，黄州、池州、睦州刺史等职，后入为司勋员外郎，官终中书舍人。杜牧性刚直，不拘小节，不屑逢迎。诗、文均有盛名。文以《阿房宫赋》为最著，诗以七言绝句著称，与李商隐齐名，合称"小李杜"。诗文中多指陈时政之作。有《樊川文集》二十卷传世。

杜牧年轻时在江西任职，情动歌女张好好，二人虽相见恨晚，可惜张好好被人纳妾，无奈错过情缘，后两人重逢，张好好当垆卖酒，杜牧心痛，写下《张好好诗》。杜牧湖州散心时，曾看中一乡间少女，并与其定下十年婚约，不想造化弄人，杜牧十四年后才得以有机缘出任湖州刺史，而女孩早已嫁人生子。据记载，杜牧结发之妻为出身显赫的裴氏，与当时的杜牧门当户对，无奈裴氏命薄，后杜牧在一次宴会上与崔氏一见钟情，二人婚后恩爱甜蜜，生下多个子女，在当时传为佳话。

●译文

少女婀娜多姿，亭亭玉立，正当十三最好年华，好像初春二月，枝头含苞待放的豆蔻花。

十里扬州路上春风骀荡，珠帘翠幕中的佳人，没有一个比得上她。

●解读

《赠别二首》是诗人杜牧在大和九年（835 年），由淮南节度使掌书记升任监察御史，离扬州奔赴长安，与在扬州结识的歌妓分别之作。

第一首着重写少女之美。诗人从意中人写到花，从花写到扬州闹市，从闹市写到美人，最后众星拱月般推出意中人。二十八字挥洒自如，游刃有余，语言空灵清妙。全诗赞少女之美，却无一个"美"字，可谓不著一字，尽得风流。

少女之美，就美在怒放前的娇羞一刻，她含苞待放，娇羞动人。眼神流转，清澈纯美。你若爱上了她，任是春风十里，整个扬州城里百花争艳，也没有一朵能比得上帘后娇俏的她。人间热闹，但那与深陷爱河的人无关。她的一颦一笑，她的一娇一嗔，才是他全部的世界，盛大的江河。他沦陷其中，不觉日月倏忽。

At Parting

Du Mu

(II)
Deep, deep our love, too deep to show;
Deep, deep we drink, silent we grow.
The candle grieves to see us part,
It melts in tears with burnt-out heart.

赠别二首·其二

杜牧

多情却似总无情，唯觉樽前笑不成。

蜡烛有心还惜别，替人垂泪到天明。

知识小贴士

　　《赠别二首》第二首重写惜别，描绘了诗人在与歌女离别的筵席上难分难舍的深情。诗人将内心的缱绻与不舍，移情于烛，赋予其人的丰富感情，含思深婉，传递出徘恻缠绵的情思，风流蕴藉，意境深远，余韵不尽。

　　诗人因为离别的哀伤，周围的一切，都被涂抹上离愁别绪。想要佯装笑颜，淡化沉重的感伤，却始终笑不出来。而有"芯"（心）的蜡烛，则代替了离别的人，默默流泪，直到天明。诗中不用"悲""愁"等字，离别之意，却如深夜秋雨，点点滴滴，浸湿人心。

　　杜牧为人刚直有节，敢论大事，但又不拘小节，喜好歌舞，风情颇张，从此诗即可以看出杜牧这种矛盾的性格，一方面风流倜傥，另一方面又对红颜知己格外怜惜，深深依恋，满怀深情。

●译文

明明爱得深沉，却像无情无义的人那样冰冷，举樽道别，挤不出一丝的笑容。

案头蜡烛倒是有心，依依惜别，替我们流泪到天明。

●解读

爱越是深沉，人越装作无情。这无情的海面下，是暗涌的不安，担心爱情会瞬间消失，担心别后可能发生的一切变动。也会夹杂着惶恐与忧虑，仿佛此去一别，便咫尺天涯，成为陌路，至死不再相见。于是索性将深情变为无情，没有眼泪，也无笑颜。一切都淡如烟云，随风逝去，再无印痕。可是转身看到一切人间事物，都着了灰暗色泽。雨也不是雨，风也不是风。所有压抑在心底的深情，都如火山岩浆，冲溢而出，遮住天地。于是，雨水化为泪水，大风化作哀愁，一草一木皆沾满了爱。就连天上的星光，和地上的烛光，此刻，也在为离别黯然神伤。

Dreaming of My Deceased Wife at Her Loom

Li Shangyin

I join the army far away.
Who'd send me warm clothes for cold day?
The mountain pass is clad in snow;
My dream of her loom brings me woe.

悼伤后赴东蜀辟至散关遇雪

李商隐

剑外从军远，无家与寄衣。

散关三尺雪，回梦旧鸳机。

李商隐（约813年—858年）

　　字义山，号玉谿生，怀州河内（今河南沁阳）人。晚唐著名诗人，和杜牧合称"小李杜"。开成二年（837年），进士及第，起家秘书省校书郎，迁弘农县尉，成为泾原节度使王茂元（岳父）幕僚。卷入"牛李党争"的政治旋涡，备受排挤，一生困顿不得志。大中末年，病逝于郑州。李商隐的诗歌有广泛的师承，屈原、阮籍、杜甫、齐梁诗歌、李贺、韩愈、六朝民歌等都曾影响过他。其诗构思新奇，风格秾丽。尤其爱情诗歌，缠绵悱恻，优美动人，广为传诵。

　　李商隐与妻子王晏媄感情甚笃，但因李商隐多年在外游历，二人聚少离多，再加其仕途坎坷，故对妻子一直深怀歉疚。另因李商隐《无题》等为代表的诗歌中，表现出一种扑朔迷离又精致婉转的感情，研究者历来认为他有丰富的爱情体验。

●译文

我就要到剑阁之外任职，路途迢迢，没有了家，再也收不到你寄送的寒衣了。

大散关的皑皑白雪，足足有三尺厚，往事如梦，忆起昔日，你为我不息忙碌弄织机。

●解读

这是一首悼念忘妻的诗。大中五年（851年）夏秋之交，妻子王晏媄突然病逝，李商隐悲痛万分。这年冬天，他赴东川（今四川三台县）任职。伤痛未复，又离家远行，内心凄戚，可想而知。这首诗就写于他赴蜀地任职的途中。

隆冬之际，寒风呼啸，诗人孑然一身，行囊单薄，行走在从陕西前往四川的崎岖途中。恰逢大雪，天地苍茫，万物萧瑟。孤独中欲修家书一封，让家人寄送棉衣，却瞬间想起，爱妻已长眠地下，此生不复相见之期。与爱人阴阳相隔，家已不再是家，天地间只剩一个孤寒的旅者，在皑皑白雪中艰难前行，犹如一粒尘埃，飘荡在浩瀚无边的宇宙之中，不知哪里才是归处。忆起往事，每逢出行，妻子总是在织机前日夜忙碌，为诗人赶做棉衣。昏暗的灯下，她疲惫瘦削的影子，落在对面墙上，随风飘动，让人心疼。若时光能够回返，他多想抱一下爱妻，让她不要如此劳累，他想陪她多说一会儿话，将而今再也不能对她说出的话，全都倾诉给她。可是，一切都不能倒流，徒留他一个人，在纷飞的大雪中，将所有过往的爱的点滴，织成思念的棉衣，温暖一颗凄冷的心。

纪昀云："回梦旧鸳机，犹作有家想也。"用"有家想"，反衬丧妻后"无家"之痛，更见诗人内心痛苦之深。此诗朴素洗练，又深情绵邈。从军剑外，妻亡家破，无人寄御寒之衣，路途遇雪，行期阻隔，苦不堪言，"以乐景写哀"，倍增其哀。悼伤之情中，又包含诗人行役的艰辛，路途的坎坷，伤别的愁绪，仕途的挫折等复杂情感。短短二十字，却纳括出如此丰富深沉的情感，可见李商隐高度凝练的艺术功力。

我有所念人，
隔在远远乡

A Nobleman' s Wife

Li Shangyin

Behind the screen his wife is charming without peer,
But she's afraid the vernal night should be too short.
Why should she be wed to her noble lord so dear?
At early dawn he'd leave her pillow for the court.

为有

李商隐

为有云屏无限娇，凤城寒尽怕春宵。

无端嫁得金龟婿，辜负香衾事早朝。

知识小贴士

　　这是一首闺怨诗。诗中主人公是一位富家女子，她嫁得意中人，夫妻恩爱，因而每日缱绻缠绵，却只恨春宵苦短，丈夫又要每日早起上朝，于是引出她的抱怨和无限怅惘。诗歌将夫妻厮守与事早朝对立起来，以无情写多情，以多情怨无情，将爱情中的女性心理，刻画得极为细腻。

　　此诗风格含蓄深沉又富于变幻。前两句一起一承，一因一果，看似平直，一个"怕"字，却风波忽起，妙趣横生，读者仿佛可以窥见女子娇嗔的面容。后两句围绕"怕"字，进一步言说，意境更加开阔明朗。诗中"为有""无端"等用语，委婉尽情，极富感染力，让一个痴情又满怀哀怨的闺中女子，跃然而出。

　　这首诗的创作时间难以精确考证，后世研究者推测此诗大约写于会昌六年（846年）至大中五年（851年）之间，即李德裕罢相以后，李商隐之妻王氏去世之前。这段时间李商隐个人和家庭的处境都十分艰难。

● 译文

云母屏风后的美人无限娇美，京城寒冬已经过去，却怕春宵苦短，不能尽情缱绻。

偏偏嫁了个做官的丈夫，不贪恋温暖香衾，天不亮就要赶着早朝，徒留一人孤独守着闺房。

● 解读

新婚的夫妇宛如含着蜜糖，恨不能日日相对，含情脉脉，怎么也看不够对方，彼此融为一体也还觉得想念。如果朝朝暮暮，生生死死，都能守在一起多好。哪怕做朝生暮死的蜉蝣，在短暂的生命里，只为爱情与繁殖而激情四溢地活着，也好过每日还要外出觅食、辛苦工作的人类。任由那窗外的春光老去吧，只要两个人还能在枕上温存片刻，只要那甜蜜的春宵，还能再多上一日。

可是世间哪有完美的人生。嫁了一个意中人，却无法与他时时相守，总是天还没亮，那人便要匆忙赶去工作，独留她一个人，依偎着他留在枕边的身体的余温，心生怅惘。那永无休止的工作，此刻似乎成了强大的情敌，横亘在热烈爱情的中间，嘻嘻笑着，看她百般怨怒，千般惆怅。

我有所念人，
隔在远远乡

Untitled Poems

Li Shangyin

(I)

You said you'd come but you have gone and left no trace;
I hear in the moonlit tower the fifth watch bell.
In dream my cry could not call you back from distant place;
In haste with ink unthickened I cannot write well.
The candlelight illuminates half our broidered bed;
The smell of musk still faintly sweetens lotus screen.
Beyond my reach the far-off fairy mountains spread;
But you're still farther off than fairy mountains green.

无题四首·其一

李商隐

来是空言去绝踪，月斜楼上五更钟。

梦为远别啼难唤，书被催成墨未浓。

蜡照半笼金翡翠，麝熏微度绣芙蓉。

刘郎已恨蓬山远，更隔蓬山一万重。

知识小贴士

此诗描写了一位男子对身处天涯海角的恋人深切的思念之情，也有研究者认为此诗是李商隐写给梦中亡妻的诗。

全诗围绕着梦境写离别之恨，但诗人并没有按照远别、思念、入梦而后梦醒的顺序来写。而是先从梦醒时情景写起，然后将梦中与梦后、实境与幻觉糅合在一起，突出爱情阻隔的主题，和梦幻式的氛围情境，使得全诗充满了迷离恍惚的相思之情，和朦胧梦幻的艺术之美。

诗中"刘郎"用典，出自南朝刘义庆志怪小说集《幽明录》。讲的是东汉刘晨和阮肇到天台山采药，迷路，遇两位年轻貌美女子，与她们共同生活半年后返回家乡，发现子孙已历经七世，方知自己遇上仙女，后再回天台山寻找，女子早已不见踪影。

清代诗人屈复在《玉溪生诗意》点评此诗曰：一相期久别。二此时难堪。三梦犹难别。四幸通音信，五六孤灯微香，咫尺千里。七八远而又远，无可如何矣。

●译文

你说过要来看我，却最终成了一句空话，一去便杳无踪迹。五更时从梦中惊醒，看见残月西斜，微光中传来破晓的钟声。

梦中你说要去远方，我伤心痛哭，想叫住你，却泣不成声。醒后把这种愁绪记下，奋笔疾书，写完后却见字迹斑驳，才发现太过匆忙，连墨汁都没有磨浓。

此刻房间里，朦胧的烛光照着精致华美的被褥，麝香熏透芙蓉似的纱帐，一切都让人恍惚，仿佛你真的刚刚离去。

古代的刘郎还抱怨蓬莱仙山的遥远，殊不知你和我之间的距离，却比蓬莱仙山还要远上一万重山。

●解读

感谢人间还能有梦，让相隔千里不能相见的我们能够梦中相会。梦中的我们依然年轻，有时坐在树下谈天说地。微风吹过，带来漫山遍野草木的清香，一切都是暖的，轻的，仿佛这一刻就是永恒。有时我们一起旅行，穿过河流，越过山川，行过荒野，梦中的路永无尽头，我们就这样牵手走着，仿佛这就是我们漫长的一生。有时我们离别，泪湿衣襟，相拥而泣，谁也不忍先转身而去，仿佛这一别就生死茫茫，永无相见之期。

每次醒来，看到枕边空空，梦中一切，杳无踪迹，总是泣不成声。只恨这黎明天光，恨这破晓钟声，将你从我身边匆匆带走。

可是即便这样的梦啊，我也不能总是梦到。那千重万重的山，那现实人间的种种无奈，阻隔在我们中间，仿佛生与死，遥遥无期，不可跨越。

Untitled Poems

Li Shangyin

(I)
As last night twinkle stars, as last night blows the breeze,
West of the painted bower, east of Cassia Hall.
Having no wings I can't fly to you as I please;
Our hearts at one, your ears can hear my inner call.
Maybe you're playing hook in palm and drinking wine
Or guessing what the cup hides under candle red.
Alas! I hear the drum call me to duties mine;
Like rootless weed to Orchid Hall I ride ahead.

无题二首·其一

李商隐

昨夜星辰昨夜风，画楼西畔桂堂东。

身无彩凤双飞翼，心有灵犀一点通。

隔座送钩春酒暖，分曹射覆蜡灯红。

嗟余听鼓应官去，走马兰台类转蓬。

知识小贴士

这是一首怀人诗。但其创作契机历来众说纷纭，有人说是君臣遇合之作，有人说是窥贵家姬妾之作，也有人说是追想京华游宴之作。但大多数研究者都将其看作恋情诗、怀人诗。诗人所怀想的应该是一位贵族家女子。据诗中"走马兰台"来看，此诗可能作于李商隐任秘书省校书郎的开成四年（839年）之后。诗人追忆了一次贵家后堂之宴，表达了与意中人席间相遇、旋成间阻的怀想和惆怅。

李商隐的无题诗往往着重抒写主人公的心理活动，事件与场景的描述，常常打破一定的时空次序，随着心理活动而交错展现，类似于诗歌中的意识流。这首诗即是这种写法的典型代表。

此诗感情深挚缠绵，词句流丽圆美。诗人将身世飘零并入爱情无常，以华美辞章反衬人生困顿失意，营造出情采并茂、婉曲幽约的艺术境界。李商隐对人的内心世界的开掘，远超前人。

● 译文

昨夜星光灿烂，夜半却有习习凉风；酒筵设在画楼西畔，桂堂之东。

你我虽不像彩凤那样比翼齐飞，却能心有灵犀，息息相通。

人们猜钩嬉戏，隔座对饮春酒，分组来行酒令，觥筹交错，灯红酒暖，其乐融融。

可叹我听到更鼓报晓之声，就要上朝点卯，策马赶到兰台，像随风飘转的蓬蒿。

● 解读

天下没有不散的筵席，想起与你相遇相识，是在热闹奢华的酒宴上，人来人往，觥筹交错，人群中只是看了你一眼，便与你心有灵犀。假若能有翼翅，我愿和你比翼齐飞，远离这人间的喧哗，远离这世俗的束缚，在天地间自由地翱翔。

可是，再怎样繁华的宴席，也终会散去。这一场短暂的璀璨烟花般的相见，终会成为过往云烟。你有你的人间归处，我有我的无奈之旅。就要启程离去了，像那随风飘摇的蓬蒿，生来卑微，居无定所，又怎敢奢望这星辰般遥不可及的爱情。

人生啊，要怎样才会没有羁绊，和心爱的人一生相守，随心所欲，自由飞翔。

Elegy on My Deceased Wife

Yuan Zhen

(II)
I find three or four sheets of your letters fine;
The words of your handwriting often go out of line.
You cared not for your hunger every other day,
If I was fed in deep mountains on my long way.

六年春遣怀八首·其二

元稹

检得旧书三四纸，

高低阔狭粗成行。

自言并食寻高事，

唯念山深驿路长。

元稹（779年—831年）

　　字微之，河南洛阳人。唐朝大臣、文学家。元稹少有才名，贞元九年（793年）明经及第，授左拾遗，进入河中幕府，擢校书郎，迁监察御史。一度拜相，在李逢吉策划下，出任同州刺史，入为尚书右丞。太和四年（830年），出任武昌军节度使。元稹与白居易同科及第，结为终生诗友，同倡新乐府运动，共创"元和体"，世称"元白"。现存诗830余首，有《元氏长庆集》传世。

　　元稹初恋情人是崔莺莺，但为仕途缘故，最终弃位卑的崔莺莺，而娶高官之女韦丛。后元稹心生愧疚，遂写《莺莺传》，并成为元朝王实甫撰写《西厢记》的蓝本。韦丛在元稹不得志时下嫁元稹，这桩婚姻虽为政治联姻，却因韦丛贤惠端庄，不慕虚荣，而使夫妇感情甚笃。元稹和唐代才女薛涛也曾有过一段三个月的短暂姐弟恋情，薛涛在元稹离蜀后，闭门谢客，还曾拒绝白居易的追求，只把对元稹的思念写成一首首《春望词》，把给元稹的情书制成一张张"薛涛笺"，余生则与道袍相伴。元稹与当时"参军戏"红极一时的女主角刘采春，也曾传七年恋情。

●译文

清理旧物时，找出你生前写给我的三四页书信，信上的字高高低低，参差不齐，行距也时宽时窄，不太匀称，只能勉强成行罢了。

你在信里说，因为生活困顿，常常两天只吃一天的饭，不过，这种清苦的日子你已经习惯，只是心里深深念着远行的我，担心我在深山驿路奔波劳顿。

●解读

这是诗人元稹怀念亡妻韦丛的诗。本诗质朴无华，没有半句修饰，仿佛在跟逝去的妻子轻声诉说。元稹妻子韦丛是太子少保韦夏卿的爱女，质丽贤淑，与元稹感情深厚，但不幸于婚后七年病逝。诗题中的"六年"即元和六年（811年）。诗人悼念妻子，遂写下这首诗。本诗语言简洁，却生动地折射出这位名门出身却能安于贫贱的贤淑妻子的形象，同时，从诗人质朴无华的陈说中，也可以看出他对妻子的无限感念，和心中无法摆脱的哀痛。

诗人元稹在《遣悲怀三首·其一》中，提及妻子跟着他所过的艰苦生活："野蔬充膳甘长藿，落叶添薪仰古槐。"但如此艰难，妻子不仅没有抱怨，反而担心在深山之中、驿路之上奔波的丈夫，无法好好吃饭休息。如此缱绻深情，透过这最为素常的描写，让人动容。

人间深情，莫过于贫困时结为伴侣，却并不抱怨，而是因为深爱，接受这清苦的生活。韦丛当年下嫁元稹，一定是真的被其风度翩翩和才华横溢打动，否则不会如此甘于贫困，并在自己深陷艰辛时，还挂念远行的丈夫。可惜红颜薄命，夫妇相爱七年，元稹发达，韦丛却不幸病逝。联想元稹一生虽风流倜傥，但能对每一段爱情都热烈投入，而每一个与他相爱的女子，也都至死对他怀有眷恋，不能不说，元稹是天生情种。

我有所念人，
隔在远远乡

Thinking of My Dear Departed

Yuan Zhen

(IV)

No water's wide enough when you have crossed the sea;
No cloud is beautiful but that which crowns the peak.
I pass by flowers which fail to attract poor me
Hail for your sake and half for Taoism I seek.

离思五首·其四

元稹

曾经沧海难为水，除却巫山不是云。

取次花丛懒回顾，半缘修道半缘君。

知识小贴士

　　元稹的《离思五首》，都是为追悼亡妻韦丛而作，写于唐宪宗元和四年（809年）。诗人运用"索物以托情"的比兴手法，赞美了夫妻之间的恩爱，抒写了对亡妻忠贞不渝的爱情和刻骨的思念。

　　这首诗采用巧比曲喻的手法，淋漓尽致地表达了诗人对已逝爱人的深深恋情，接连用水、用云、用花比人，曲折委婉，含而不露，意境深远，耐人寻味。

　　巫山有朝云峰，下临长江，云蒸霞蔚。据宋玉《高唐赋序》说，其云为神女所化，上属于天，下入于渊，茂如松树，美若娇姬，故'巫山"是世间至大至美，元稹遂写下诗中第二句。另据记载，元稹生平"身委《逍遥篇》，心付《头陀经》"（白居易《和答诗十首》赞元稹语），可见他尊佛奉道。当然，最后一句"修道"也可做修身治学之意。但不管尊佛奉道还是修身治学，对元稹来说，都不过是因心失所爱、悲伤无法解脱后，而寻找的感情寄托，因而更可看出爱妻去世后，诗人内心万事皆空的心境。

●译文

曾经看过苍茫的大海，便觉得别处的水相形见绌；曾经见过巫山的云霭，便觉得别处的云黯然失色。

经过花丛却懒于顾视，也许是因为修道，也许是因为你的缘故吧。

●解读

痛失所爱的人，仿佛大病一场，又似历经沧海桑田，人间一切，皆淡如烟云。那绚烂的万花丛中怒放的新鲜的爱情，也失了颜色，路过时懒得一看，即便无意中瞥见，也心无波澜，不起情愫。死亡让这段爱情化为永恒，依然活在世间的人，和那死去的人，借助于浩荡不息的爱情，穿越了生死，完成一场震撼人心的灵魂的沟通。

To My Deceased Wife

Yuan Zhen

(I)
Youngest daughter of your family, loved the best,
Unluckily you married into my poor household.
To patch my clothes you would search your dowry chest;
Coaxed to buy me wine you'd pledge a hairpin of gold.
For fuel you'd burn dry leaves from old locust tree;
For meals we were glad to eat but wild herbs and rice.
More than a hundred thousand coins are now paid me,
But I can bring you only temple sacrifice.

遣悲怀三首·其一

元稹

谢公最小偏怜女，自嫁黔娄百事乖。
顾我无衣搜荩箧①，泥他沽酒拔金钗。
野蔬充膳甘长藿，落叶添薪仰古槐。
今日俸钱过十万，与君营奠复营斋。

①荩箧一作：画箧。

●译文

你本来像谢安最偏爱的侄女谢道韫，自从嫁给了穷困潦倒的我，却事事艰辛，时时不顺。

看到我没有衣衫，你就翻箱倒柜去寻旧衣；我没钱却还缠着你要酒喝，你就拔下金钗，给我换酒解闷。

没钱买菜，你嚼那又老又苦的野菜也不愁；没钱买柴，你眼巴巴地指望老槐树掉落叶子也不恨。

如今我的俸禄很高了，你却再也不能跟我分享；我只得一次次祭奠你，延请僧道为你超度亡魂。

●解读

《遣悲怀》是元稹写给亡妻韦丛的悼亡诗。中国古代文人的悼亡之作，以词而言，最好的是苏轼的《江城子·十年生死两茫茫》和贺铸的《鹧鸪天·重过阊门万事非》；以诗而言，最好的就是元稹的《遣悲怀》三首。第一首讲生前，第二首讲亡后，第三首讲自悲，彼此衔接，至情至性，道尽了患难夫妻的深情，也道尽了生离死别的悲哀。

先看第一首。

　　"谢公最小偏怜女，自嫁黔娄百事乖。"这里涉
及两个人物，一个是谢公，一个是黔娄。谢公是谁呢？
在东晋南朝，谢家可是第一等士族，谢安、谢灵运、
谢朓等若干谢氏子弟都青史留名，也都称谢公。比方
说李白《梦游天姥吟留别》里，"脚著谢公屐，身登
青云梯"的谢公就是谢灵运。而他的另一首诗《秋登
宣城谢朓北楼》，"谁念北楼上，临风怀谢公"的谢
公则是谢朓。"谢公最小偏怜女"的谢公又是谁呢？既
不是谢灵运，也不是谢朓，而是他们的祖辈，东晋宰相
谢安。因为谢安留下了一段与侄女谢道韫的佳话。当年，
大雪纷飞之际，谢安问围坐在身边的侄子侄女，这雪
像什么？侄子谢朗说："撒盐空中差可拟。"这比喻
本来也不算太差，却不料身后的小堂妹谢道韫脱口而
出："未若柳絮因风起。"两个比喻放在一起，高下立判，
从此成就了谢道韫的才名，也成就了谢家重女的佳话。
那黔娄又是谁呢？黔娄是战国时期齐国著名的隐士，号
称家徒四壁。这两个典故跟元稹有什么关系呢？这其
实就是元稹和他的妻子韦丛的身份差距。

　　韦丛是谁？她是工部尚书、太子少保韦夏卿的女
儿，那可是宰相级的人物，堪比谢安。而这个爸爸对
女儿的娇宠，还要超过谢安对侄女谢道韫。为什么？

除了爸爸对女儿肯定比叔叔对侄女更亲之外，还因为
韦丛是韦夏卿最小的女儿，她刚刚生下来，母亲就去
世了。哪个爸爸不会对这样的女儿多一份心疼呢？韦
夏卿给女儿起名叫韦丛，字茂之。丛也罢，茂之也罢，
都是茁壮成长的意思。身居高位的爸爸对小女儿没有
任何要求，只希望她能健康长大，这不正是一个父亲
对女儿的深情吗？所以，"谢公最小偏怜女"，一句话，
已经讲明了韦丛的娇贵。

那元稹又如何呢？元稹说起来也是北魏皇室后裔，
祖辈世代为官。但是，在他还只有八岁的时候，父亲
就去世了，从此家道中落，备尝艰辛。当时全社会都
重视进士及第，元稹从小才气过人，本来也应该走这
条金光大道，但是他只能在十五岁的年纪就去考更容
易过关的明经科，为了能早点儿进入仕途。这样寒苦，
不就是唐代的黔娄吗？这样说来，韦丛嫁给他，本来
就是下嫁。更糟糕的是，婚后，他又因为锋芒太露，
屡屡得罪权贵，在政治上备受打压。出身白富美的妻
子也因此百事不顺，吃尽苦头，这就是"自嫁黔娄百
事乖"。"谢公最小偏怜女，自嫁黔娄百事乖"，起
首一联，多少心酸，多少愧疚！

首联理解到这个程度可以不可以？可以，但还不

够。不够在哪儿？古往今来穷人不少，诗人为什么不比别人，单比黔娄呢？因为黔娄不仅是个穷人，还是个著名的道家。更重要的是，黔娄有个非常贤惠的妻子，和韦丛颇有相似之处。黔娄夫人本来也是贵族出身，嫁给黔娄之后甘心追随黔娄，安贫乐道。黔娄一生清贫，死后连一块能盖住全身的白布都没有。他的好朋友，孔门弟子曾参去吊唁，发现黔娄身上的白布盖住头就露出脚，盖住脚就露出头，就对黔娄夫人说，你不如把白布斜着盖，就能都遮住。不料黔娄夫人却回答说："斜之有余，不若正之不足。"我丈夫生前从来不斜，死后也不能斜。曾参又问，先生去世了，您希望给他一个什么样的谥号呢？黔娄夫人张口就说，谥为康吧。曾参非常不解，说，所谓康就是富贵，黔娄先生一生食不果腹，衣不蔽体，怎么能谥为康呢？黔娄夫人慨然回答：我丈夫生前，齐国国君要拜他为相，他拒绝了；鲁国国君要拜他为卿，他也拒绝了，这难道不是贵？两国国君都争相给他粟米，他也都拒绝了，这难道不是富？他在我心中既富且贵，怎么不能谥为康呢？如此深明大义、夫唱妇随，真是贤妻的典范啊。所以元稹自比黔娄，除了说自己穷之外，还暗示了妻子的贤惠。

具体怎么贤惠呢？看颔联："顾我无衣搜荩箧，

泥他沽酒拔金钗。"这是在讲妻子对自己的照顾。看见我没有衣服穿了，她就翻箱倒柜给我找衣服；我没钱还缠着她要酒喝，她就拔下自己的金钗给我换酒。这两个细节多传神啊。元稹明明比韦丛大五岁，在妻子面前却像一个大孩子。衣服破了旧了，他自己可能并不在意，但妻子却看在眼里，一定要让他穿得暖和，穿得体面。问题是，元稹的俸禄那么低，妻子想给他添置新衣，却总是心有余而力不足，只能翻箱倒柜地搜索，看看有没有旧衣服可以改造翻新。这是多么体贴，又是多么为难！诗人本来就嗜酒，再加上仕途不顺，更是难免借酒消愁，兴致来了，他才不管家里有钱没钱，就缠着妻子要酒喝。所谓"泥"就是软磨硬泡，一个"泥"把诗人刻画得多么无赖！这本来很难容忍吧？可是妻子既不跟他抱怨更不跟他吵闹，只是默默地转过身去，拔下娘家陪嫁的金钗，给他换酒喝。这里面，又有多少隐忍、多少理解！

那接下来呢？

"野蔬充膳甘长藿，落叶添薪仰古槐。"我分析律诗，经常说首联起，颔联承，颈联转，但这首诗不一样。它的颈联没有转折，而是在颔联的基础上进一步讲妻子的贤惠。颔联不是侧重说妻子对自己的照顾吗？颈联重点讲妻子持家的艰辛。"野蔬充膳甘长藿"，是说没有钱买菜，只能吃野菜。问题是，野菜嫩的时候吃也罢了，他们没钱，只好一直吃一直吃。很快，他们拿来当菜吃的藿，也就是豆子叶长老了，变得难以下咽了，可妻子什么也不说，就那么高高兴兴地吃下去。这就是"野蔬充膳甘长藿"。一个"甘"字，何等懂事、何等知足！"落叶添薪仰古槐"，是从吃饭说到烧柴了。没钱买柴，妻子急得围着老槐树团团转，就指望它能多掉下点枯枝败叶，好拿回家去当柴烧。一个"仰"字，又是何等焦虑、何等无助！从野蔬充膳到落叶添薪，是从吃饭说到生火，也是从春天说到了秋天。本来，吃菜也罢，打柴也罢，应该是丈夫为家庭提供的最基本保障。可是，诗人无能，一个个寒来暑往，一个个春夏秋冬，生活的压力都落在妻子柔弱的肩头上。

搜芳笹、拔金钗、甘长藿、仰古槐，几个最经典的动作，如同简笔画一般，把生活的困顿刻画出来了，也把贤妻的形象刻画出来了。我们的古人一直重视精神大于物质，孔子的大弟子颜回，最令人敬仰的品格便是"一箪食，一瓢饮，人不堪其忧，回也不改其乐"。但是，元稹最令人动容的地方，恰恰在于他真切地说出了贫穷给人造成的戕害，这样的生活连他自己都难

以容忍，更何况是"最小偏伶"的妻子呢！可是妻子
却毫无怨言地陪在他身边。这让他怎能不自责？怎能
不对妻子充满感激之情！妻子配得上一切荣华富贵。
心气高傲的诗人一定曾经默默发誓，终有一天，要让
妻子过上幸福的生活，要让妻子为自己感到骄傲吧？

也正因如此，尾联才显得格外沉痛："今日俸钱
过十万，与君营奠复营斋。"如今，我终于发达了，
俸禄都超过了十万钱，再也不用整天为钱发愁了。可
你却不在了，我只能拼命地祭奠你，不停地斋僧布道，
请人超度你，可是，我也知道，这一切，又有什么用呢？
本来，诗人清高，并不轻易谈论工资，元稹却在这里
把工资写得格外清楚，这看起来不够含蓄，但因此显
得格外真挚：我真的有钱了呀，可你为什么没有等到
这一天，你为什么没能跟我一起享受这一切呢？多少
哀伤，多少不甘，写得那么浅显，却又那么真情毕露，
让我们今天的人听了，都忍不住生出同理心，愿意陪
着元稹大哭一场了。

韦丛生于 783 年，802 年嫁给元稹，809 年去世，
仅仅活了 27 岁，跟元稹做了 7 年的夫妻。就在韦丛死
后不久的 810 年，元稹被任命为监察御史，出使剑南
东川，算是扬眉吐气了，也正是在这个时候，他写下

了这三首《遣悲怀》。前面说过，写得最好的悼亡词是苏轼的《江城子·十年生死两茫茫》和贺铸的《鹧鸪天·重过阊门万事非》。苏轼是怎样回忆妻子的？"夜来幽梦忽还乡，小轩窗，正梳妆。"妻子让苏轼最忘不了的，是对镜晨妆的柔美。贺铸是怎样回忆妻子的？"空床卧听南窗雨，谁复挑灯夜补衣。"妻子让贺铸最忘不了的，是挑灯补衣的温柔。这都很细腻感人，但也都是相对寻常的夫妻情分。

相比之下，元稹和他们就不一样了。元稹跟韦丛是患难夫妻，而这患难夫妻，又有着韦丛下嫁的前提，这让元稹对妻子格外敬重、格外珍惜，也格外感恩。知恩图报是人的道德本能，可是，造化弄人，却让他们在即将改变命运的时候天人两隔。永远也报答不了的亲人，永远也无法弥补的遗憾，永远也不能释怀的心情，这才成就了《遣悲怀》第一首，让它在千载之下，仍然拥有动人心魄的力量。

我有所念人，
隔在远远乡

To My Deceased Wife

Yuan Zhen

(II)

"What if one of us should die?" we said for fun one day;
But now it has come true and passed before my eyes.
I can't bear to see your clothes and give them away;
I seal your embroidery lest it should draw my sighs.
Remembering your kindness, I'm kind to our maids;
Dreaming of your bounty, I give bounties as before.
I know there is no mortal but returns to the shades,
But a poor couple like us have more to deplore.

许渊冲 英译
浪漫唐诗

遣悲怀三首·其二

元稹

昔日戏言身后意，今朝皆到眼前来。

衣裳已施行看尽，针线犹存未忍开。

尚想旧情怜婢仆，也曾因梦送钱财。

诚知此恨人人有，贫贱夫妻百事哀。

● **译文**

　　从前我们开玩笑讲着将来死后如何，没想到这些戏言转眼成真。

　　你生前穿的衣服眼看就要施舍完了，你留下的针线活我还保存着不忍打开。

　　因为念着你，我更加怜悯你从前的婢仆；因为梦见你，我也会跑到你的坟头烧上纸钱。

　　我知道这样的死别人人都会哀痛，但因为你我夫妻共经贫贱，我就会更加哀痛难禁。

● **解读**

　　和前面所说的怀古的哀伤、生命的哀伤不同，《遣悲怀》的哀伤不是在一个点上一触即发，它如同傍晚的海潮，当第一波浪头退去的时候，你不要以为它到此为止，第二波浪头很快又翻腾着向你涌来，然后是第三波、第四波，似乎永无止境。

　　《遣悲怀》第一首主要写妻子生前的样貌，第二首则是写妻子亡故后的悲哀。

　　先看首联"昔日戏言身后意，今朝都到眼前来"。

所谓身后意，是指死后的安排。这样的话题，平时说起来，本来就有玩笑的成分。比如《红楼梦》第三十回，宝玉和黛玉拌嘴之后，宝玉去求和，黛玉赌气说"我死了"，宝玉马上说："你死了，我做和尚！"结果第三十一回，晴雯和宝玉吵架，袭人劝架反惹了一身的不是。这个时候，黛玉过来，袭人就借机发牢骚说，林姑娘，你不知道我的心事，除非一口气不来死了倒也罢了。宝玉呢，又接了一句："你死了，我做和尚去。"林黛玉就打趣他，做了两个和尚。我从今以后都记着你做和尚的遭数儿。这做和尚就是所谓的"身后意"。这里有没有真情流露？当然有，但有没有戏谑的成分？当然也有。

小儿女之间，小夫妻之间，你死了我如何如何，或者我死了你如何这样的话题，本身就是闺房之乐的一部分，一点儿也不令人悲哀。真正悲哀的是，在元稹和韦丛之间，这个戏言居然变成了现实。"昔日戏言身后意，今朝都到眼前来"。昔日说到死，是何等轻松！今天真正面对，才知道自己是何等悲凉无助，完全不知道如何去面对。

那么，诗人到底要去面对什么呢？看颔联："衣裳已施行看尽，针线犹存未忍开。"这是在面对妻子留下的物件。看到你穿过的衣服，难免睹物思人，徒生伤感，还不如不看，于是，陆陆续续施舍给人，已经快施舍光了。你还留下那么多针线活，有完工的，有没完工的，上面沾染着手泽，这是我不能给人的，却又不忍心看见，就都封存起来。舍也罢，存也罢，都因为不忍，都意味着无法摆脱对妻子的思念。这份情感，写得委婉曲折、细致入微，真是非经过不能道也。还说《红楼梦》吧，第七十八回，晴雯含冤死去，宝玉那条血点般的大红裤子便不能再穿，因为是晴雯的针线，这不是一个道理吗？《红楼梦》和《遗悲怀》之间，相隔了一千年，时移世易，但人心之中，自然有一些永恒不变的东西在。我们今天看唐诗还能感动，不也正因为这一份不变的人性人情吗？

颔联写物，颈联该写人了："尚想旧情怜婢仆，也曾因梦送钱财。"家里的婢女仆人，都是你亲手调教出来的，也都伺候过你，看到他们就会想起你，因此也对他们平添一份怜惜。这是什么样的感情？用一个成语来说，"爱屋及乌"，用一句词来说，叫"记得绿罗裙，处处芳草"。因为爱那房子，所以连房顶的乌鸦都喜欢；因为爱那穿绿罗裙的女郎，所以看见绿草都亲切。这成语也罢，词也罢，都很经典，但未免夸张。相比之下，元稹这句诗就显得格外平实，"尚想旧情怜婢仆"。婢女也罢，仆人也罢，总会有让人不满意的地方，可是，一想到他们是你身边的旧人，或者，一听到他们说，当年夫人如何如何，我的心就会软下来，也灰下来，再也无力责罚，这就是"尚想旧情怜婢仆"，一点也不夸张，但直击人心。"也曾因梦送钱财"呢？这是从白天写到黑夜了。所谓日有所思，夜有所梦，梦中的你，还跟活着的时候一样，在为衣食发愁，这都是因为我没能让你过上一天舒心的日子啊！所以醒来之后，我会给你烧一把把的纸钱，让你在另一个世界再也不用发愁。这真是贫贱夫妻才有的特殊情感，诗人何尝不知道纸钱是虚妄的，但是，除了烧纸钱，他还能做什么呢？

　　颔联和颈联，从衣裳到针线，从婢仆到钱财，都是活着的那个人要面对的身后事，这些事太平凡、太琐碎了，却也正因为如此，才能在不经意之间，一下一下地抓挠着诗人的心，也打动着一千多年来的读者。元稹和白居易是最好的朋友。白居易是怎样写唐玄宗的亡妻之痛的呢？"归来池苑皆依旧，太液芙蓉未央柳。芙蓉如面柳如眉，对此如何不泪垂？"也是睹物思人，也那么缠绵哀婉。但是，从这四句诗，我们就能看出来宫廷和凡间的差别了。唐明皇和杨贵妃永远也不用为生活发愁，所以，唐明皇思念的，是杨贵妃的一颦一笑，是那像荷花一样明艳的脸，是那像杨柳一样柔软的身姿，这样的怀念当然也动人，却不及凡间夫妻那么质朴深烈。感情原本就不是互相取悦那么简单，它还要经过同甘苦、共患难的打磨，才能变得深沉醇厚。《遣悲怀》中的伤痛，不像《长恨歌》那么浪漫唯美，但是，这种属于小人物的伤痛，属于小人物的深情，却带着生活最本真的面貌，不必雕琢，自有动人心魄的力量。

　　首联提出身后事这个大主题，颔联和颈联具体展开，到尾联怎么收呢？"诚知此恨人人有，贫贱夫妻百事哀。"我当然知道，这种阴阳两隔的悲恨之情人人都会面对，只是像我们这样共同经历过贫贱的夫妻，才会想起任何一件事都觉得悲哀呀！直到今天，我们也还在用"贫贱夫妻百事哀"这句话，一般是用来表达贫贱夫妻无论干什么都不容易，这不是元稹的原意，但是，和原意也不无相通之处。相通在哪里呢？共守贫贱的夫妻，确实是太不容易了。我们今天的感慨到此为止，但元稹不是在叹息生活，他是在悼亡。回到悼亡的主题上来，如果妻子不经历如此贫贱的生活，她也许更快乐，也许不会这么早亡，这是元稹对妻子一生的愧疚，这种愧疚感挥之不去，才会让元稹超越了"诚知此恨人人有"的境界，发出了最后一声喟叹："贫贱夫妻百事哀。"

元稹在历史上并不以专情著称。他在和韦丛结婚之前对崔莺莺始乱终弃，在韦丛之后又续弦裴淑，还疑似留情于女诗人薛涛。但是，不能专情并不意味着不能深情，对于元稹而言，曾经和他一起共贫贱的结发妻子韦丛始终是一个特殊的存在，正所谓"曾经沧海难为水，除却巫山不是云"。这不是水的问题，也不是云的问题，而是因为"贫贱之知不可忘，糟糠之妻不下堂"是中国人的道德准则，韦丛的死，让这信念落空了，这是一种无法释怀的伤痛。

我们在讲上一首《遣悲怀》的时候就说，元稹的悼亡诗和其他人不一样，他不是单纯的丧妻之痛，更有一种受恩于人却又无法回报的自责，有共患难却又无法共安乐的遗憾，这才是"诚知此恨人人有，贫贱夫妻百事"！

To My Deceased Wife

Yuan Zhen

(III)

Sitting idle, I grieve for myself as for you;
How many days are left for my declining years?
Another childless man fared better than I do;
Another widower lavished vain verse and tears.
Could I await a better fate than our same tomb?
Could you be born again and again be my wife?
With eyes unclosed all night long I'll lie in the gloom
To repay you for your unknit brows in your life.

遣悲怀三首·其三

元稹

闲坐悲君亦自悲，百年都是几多时。

邓攸无子寻知命，潘岳悼亡犹费词。

同穴窅冥何所望，他生缘会更难期。

唯将终夜长开眼，报答平生未展眉。

●译文

　　无事闲坐时，我常常悲悼你，也常常自悲；人生
纵有百年，又能有多长时间呢？

　　邓攸失去儿子，这难道不是命运的安排？潘岳悼
念亡妻的诗歌写得再好，也只是徒然悲鸣。

　　即使死后合葬，又有什么意义？来世再结良缘，
更是虚幻难期。

　　思来想去，我只能以彻夜不眠的泪眼，来报答你
平生未曾展开的愁眉。

●解读

　　《遣悲怀》三首，第一首写妻子生前，第二首写
妻子亡后，第三首则是诗人的自伤自叹了。鹣鲽情深
的夫妻，总会让人在美慕的同时觉得可怜。一个去了，
另一个怎么办呢？他还能找到生活的快乐吗？他又将
如何度过漫漫余生？

　　"闲坐悲君亦自悲，百年都是几多时。"我百无
聊赖地坐在这里，为你难过，也为我自己难过。起首
一句，承上启下。悲君，是承接前面两首，而自悲，

则是开启新篇了。他为自己难过什么呢？"百年都是几多时？"所谓人生百年，又能有多长时间呢？妻子固然已经仙去，自己又岂能永远活着？这是在感慨人生短暂。可是，同样是说人生短暂，曹操《短歌行》中，"对酒当歌，人生几何"是感慨中透着雄壮，正因为人生短暂，才要及时建功立业，那是英雄的情怀。但元稹此时的身份不是英雄，而是一个妻子新丧、心灰意懒的丈夫，他说"百年都是几多时"就不是雄壮，而是颓唐了。

颓唐什么呢？看颔联："邓攸无子寻知命，潘岳悼亡犹费词。"这一联，用了两个典故，一个是邓攸无子，一个是潘岳悼亡。邓攸是两晋之际的大臣，官至尚书左仆射。此人一生功业不少，不过，最为人熟知的，还是"邓攸无子"这件事。当年，西晋灭亡，邓攸被羯人石勒俘虏，他不甘心给新政权当官，就偷偷带着妻子、儿子，还有一个侄子往江南逃跑。可是从中原到江南要经历种种艰难险阻，带两个孩子难度太大了，他想来想去不能两全，于是跟妻子讲，侄子是弟弟的孩子，弟弟早死，把侄子托付给我，我不能让他绝嗣，无论如何也要保护好这个孩子。儿子是我们的，只要我们还在，终究可以再生。于是就抛弃了儿子，带着

侄子到了东晋。按理说，这样的义举，应该得到上天
的褒奖吧，可事实是天道无知，邓攸从此再也没有生
出儿子，这不是命运的捉弄吗！

潘岳就是著名的美男子潘安，此人不仅美到"掷
果盈车"，还文采飞扬，号称"潘江陆海"；更重要的是，
潘岳还是一个一往情深的好丈夫。潘岳五十岁的时候
妻子杨氏去世，他写下三首《悼亡诗》，此后不复娶。
这也是中国悼亡诗的开山之作。可是，就算潘岳的诗
写得再好，对于死去的妻子来说，又有什么意义呢？

元稹为什么要写这两个人呢？这是在自比呀。我
元稹才高，你韦丛贤惠，我们连续生过五个儿子，却
无一存活，这不也是命吗？我也为你写了三首悼亡诗，
也情真意切，可你泉下无知，还不是白费笔墨！子亡、
妻丧，让诗人感到深深的幻灭。人间无情，此生无味，
那么，可否寄情于死后，或者来生？

看颈联："同穴窅冥何所望，他生缘会更难期。"
所谓同穴，就是合葬，这是中国的古老传统。而他生
也罢，缘分也罢，则是随着佛教传入的新概念。《诗
经·大车》说："谷则异室，死则同穴。"《孔雀东
南飞》中焦仲卿和刘兰芝殉情之后，也是"两家求合
葬，合葬华山傍"。同穴本来是夫妻恩爱的表达，也

是夫妻泉下相依的美好愿望。可是，元稹却说"同穴
窅冥何所望"，窅冥，就是幽暗。人死后无知无觉，
同穴又有什么值得期待的呢？同穴不值得期待，那么，
佛教结缘来生的观念能不能给诗人一点安慰呢？元稹
的回答是"他生缘会更难期"。今生都不能把握，所
谓结取来生缘，就更是虚无缥缈了！

逝者已矣，无论什么都不能补偿；生者无聊，无
论什么都不能安慰。诗人至此，已经悲不自胜，这才
逼出最后一联："惟将终夜长开眼，报答平生未展眉。"
什么都没用，什么希望都没有，我今后所能做的，只
能是用整夜不能合上的泪眼，来报答你平生未曾展开
的愁眉了！这一联，真是巧绝痴绝而又悲绝。用"终
夜长开眼"对"平生未展眉"，对得那么自然工整，
这是工巧；妻子终年愁苦，丈夫就回报以长夜思念，
这是痴情。除了工巧，除了痴情之外，还有什么？按
照陈寅恪先生在《元白诗笺证稿》里的说法，其实还
有更深的一层意思，就是发誓不再娶。为什么呀？因
为鳏鱼眼常开，元稹既然说要终夜长开眼，那就是自
比鳏鱼，也就是说，要以鳏夫的身份了此一生了。这
就是哀莫大于心死啊。韦丛去世时不到 27 岁，元稹也
还只有 31 岁，原本鹣鲽情深的一对佳偶，却一个身故，

一个心死，这又是悲绝！

可能有人会说，元稹后来并没有做到呀！没错，写下"十年生死两茫茫，不思量，自难忘"的苏轼后来又娶了王闰之，写下"我自中宵成转侧，忍听湘弦重理"的纳兰性德后来又娶了官氏，写下"惟将终夜长开眼，报答平生未展眉"的元稹，后来也有妻有妾，有新的人生。这个问题怎么看呢？个人觉得，《红楼梦》里，学小生的藕官有过一个最通达的解释。她说，"比如男子丧了妻，或有必当续弦者，也必要续弦为是，便只是把死的丢过不提，便是情深义重了。"所谓夫妻情深，并不只有夫死不嫁或者亡妻不娶这两种形式，它还可以表现为"何当共剪西窗烛，却话巴山夜雨时"的期待，表现为"金风玉露一相逢，便胜却人间无数"的喜悦，表现为"惟将终夜长开眼，报答平生未展眉"的悲伤。此刻的真诚，便是永恒，至于其后的事情，谁也不能完全把握，只能付之于无常的命运，付之于长久的思念了！

三首《遣悲怀》，从"自嫁黔娄百事乖"开始，到"报答平生未展眉"结束，字字血泪，通俗易懂，却又感人至深。编《唐诗三百首》的蘅塘退士说："古今悼亡诗充栋，终无能出此三首范围者。"诚哉斯言。

附录·许渊冲英译挚美诗歌

Songs of the Lute

Sima Xiangru

O phoenix, O phoenix! I come to my homeland
After roaming over the four seas for a mate.
How can I help it, oh! when none is near at hand!
Now I come to this hall, oh! can I anticipate?
There is in the boudoir a maiden nice, and fair;
Though near, she is beyond my reach, which breaks my heart.
How can we lie together like lovebirds in pair?
Can we go up and down, oh! and never fly apart?

琴歌

司马相如

凤兮凤兮归故乡，遨游四海求其皇①。

时未遇兮无所将，何悟今兮升斯堂！

有艳淑女在闺房，室迩人遐毒我肠。

何缘交颈为鸳鸯，胡颉颃兮共翱翔！

①皇一作：凰。

司马相如（约公元前179年—前118年）

　　蜀郡成都（今属四川）人，西汉文学家，"汉赋四大家"之一，被誉为"赋圣""辞宗"。汉景帝时为武骑常侍，称病免官。经过临邛，得富商卓王孙之女卓文君为妻。所作《子虚赋》《上林赋》为汉武帝欣赏，任为郎，又拜中郎将。奉使西南，转迁孝文园令。鲁迅在《汉文学史纲要》中评价说："武帝时文人，赋莫若司马相如，文莫若司马迁。"

　　司马相如与富家女卓文君为爱私奔，及卓文君私奔后当垆卖酒的故事，广为流传。他们不拘封建礼教束缚，勇敢追求爱情婚姻的行为，成为自由恋爱的范本，闻名中外。后人根据二人爱情故事，谱成琴曲《凤求凰》。

● 译文

我是那翩翩凤鸟啊，千里迢迢回到蜀中的故乡，
我飞遍万水千山啊，只为寻到人间相伴好佳人。

只是时机未遇啊，我寻寻觅觅无所得，谁知今日
良宵啊，我却登上你的庭堂！

美丽佳人啊，你就住在闺房，闺房离我很近啊，
你却离我很远，让我相思肠断好不烦忧。

如何与你同相守，结为鸳鸯好伴侣，就像比翼凤
与凰，一生相随共翱翔！

● 解读

据《史记·司马相如列传》记载，司马相如从京
师、梁国宦游归蜀，应好友临邛令王吉相邀，前往做客。
一日，富豪卓王孙举行数百人的盛大宴会，王吉与司
马相如以贵宾身份应邀参加。席间，王吉介绍司马相
如精通琴艺，请他弹奏；司马相如当众弹了两首琴曲，
意欲以此挑动卓文君。"文君窃从户窥之，心悦而好之，
恐不得当也。既罢，相如乃使人重赐文君侍者通殷勤。
文君夜亡奔相如，相如乃与驰归成都。"据说此诗即
为司马相如弹奏的两首琴曲中，其中一首的歌词。

　　世间的每一份爱情，都像命运暗中做好了安排。有时你千山万水走遍，也不能在茫茫人海中，与一见钟情的爱人相遇。有时你一抬头，却发现那个人就在与你一墙之隔的地方，安静等待你的到来。这热烈的相思，来自一只凤对一只凰长达一生的深情追寻。漫漫人生，路途遥遥，为了寻找那个人啊，他走遍这动荡人间，度过多少孤独长夜。就在这一刻，宛若天地发出剧烈的碰撞，一切都停止了呼吸，她就在那里，爱情就在那里，他存活于世的所有意义，全都在那里。他只想对她深情地呼唤，他只想发出一只凤对一只凰的呼喊，他只想问她一句：我们怎样才能像那鸳鸯交颈共缠绵，凤凰比翼共翔翔？

　　凤求凰，这是司马相如对知音卓文君爱的呼唤，这是私奔前的狂风暴雨，这是对自由爱情的最高礼赞。所有媒妁之言的法则，所有世俗婚爱的砝码，都被这勇敢的呼唤彻底扫荡。天地间只剩下婴儿般赤诚纯真的爱情，这爱情燃烧席卷了所有身陷爱情的男女。

　　本诗言浅意深，音节流亮，感情热烈奔放，深沉缠绵。既有楚辞骚体的骑旒，也有汉代民歌的清新明快。同时将高山流水遇知音的精神碰撞和电光石火般爱情的灵肉渴望，完美交融。

Su Wu to His Wife

Su Wu

As man and wife we ever unite;
We never doubt about our love.
Let us enjoy our fill tonight
As tender as a cooing dove!
Thinking of the way I should go,
I rise to see if time is due.
The stars appear dim high and low;
Adieu! I must bid you adieu,
Away to battlefield I'll hie;
I know not if we'll meet again.
Holding your hand, I give a sigh;
My tears of farewell fall like rain.
Enjoy the spring flowers in view!
Do not forget our time in glee!
Safe and sound, I'll come back to you;
Even killed, my love won't die with me.

留别妻

苏武

结发为夫妻，恩爱两不疑。

欢娱在今夕，嬿婉及良时。

征夫怀往路，起视夜何其。

参辰皆已没，去去从此辞。

行役在战场，相见未有期。

握手一长叹，泪为生别滋。

努力爱春华，莫忘欢乐时。

生当复来归，死当长相思。

苏武（？—前60年）

字子卿，汉族，杜陵（今陕西西安东南）人，西汉时期杰出的外交家。天汉元年（前100年）奉命以中郎将持节出使匈奴，被扣留。苏武历尽艰辛，留居匈奴十九年，持节不屈。至始元六年（前81年），方获释回汉。苏武去世后，汉宣帝将其列为麒麟阁十一功臣之一，彰显其节操。

据记载，苏武有两位妻子。其一为他在汉朝时的妻子，育有一子，名为苏元，后因谋反被杀。据传第一任妻子在苏武被匈奴扣押的第二年，便改嫁他人，改嫁原因有多种说法，也有人认为其妻为病逝，改嫁只是传言。其二为苏武在匈奴生活期间共患难的胡妇，生平不详，与苏武育有一子，名为苏通国，在苏武回朝后，经使者赎回。

●译文

你我结发成为夫妻，相亲相爱两不相疑。

欢乐只在今天一晚，两情欢好要趁这美好的时刻。

远征人心里总是惦记着出行，起身去看夜深到了何时。

天上的星星全都看不到了，明日一去就将分别。

奉命远行前往战场，再次相见啊不知会到何时。

握着你的双手，我发出长长的叹息，这生离死别，让人忍不住泪水长流。

努力珍惜青春，不要忘记我们曾经有过的欢乐。

如果我有幸活着，一定会回到你的身边。如果不幸死去，也会永远将你思念。

●解读

天汉元年（公元前100年），汉武帝派苏武率使团出使匈奴，临行前夕，苏武辞别爱妻，依依不舍，伤感地写下了这首诗。不承想，苏武这一去，因被匈奴扣留，十九年不能归，妻子改嫁，他亦再娶，诗中"相见未有期"一句，不幸成真。

诗中苏武自喻为征夫，把此次出使荒凉北地，比喻为参战。不管所托何种身份，诗中浓郁的生离死别的悲伤，都令人动容。联系苏武悲壮的一生，不能不感慨命运的无情。苏武虽不能跳上云端，看一眼此后迢迢长路，自己将从一个尊贵的使臣，成为荒蛮塞外的牧羊人，但他却强烈地预感到了命运的无常，仿佛一眼看穿了此后的人生。所以才能将临行之前的一晚，写得如此哀戚动人。

没人记录苏武妻子的一生，仿佛她并不存在。而一个道听途说的改嫁结局，让后世读者更忽略了她作为柔弱女子，在听闻苏武或背叛国家或客死他乡的流言蜚语时，所承受的压力。但我们却从这首诗中，读出苏武对她的百般眷恋，读出她尚是一个青春年少的女子，与苏武情感甚笃，却因一声令下，不得不面对生离死别般不能预测的未来。这一晚，他们拥抱着彼此，缠绵悱恻，无限哀愁，仿佛一觉醒来，便万事成空。

苏武坚贞的一生，却被命运掌控，经历了两次诗中所描写的生离死别。他离开匈奴时，已是六十老者，被留在塞外的再婚妻子胡妇，当有同样"相见未有期"的巨大哀伤。只是，这个胡妇的命运，没有留下只言片语。

历史上有许多书写离别的佳作，此诗当能在其中占一席之地。它的选材、语言表达、风格等，对后代有广泛影响。唐代诗人杜甫的名作《新婚别》，便是其中的代表。

To An Autumn Fan

Lady Ban

Fresh from the weaver's loom, Oh silk so white,
You are as clear as frost, as snow as bright.
Fashioned into a fan, token of love,
You are as round as brilliant moon above.
In my lord's sleeve when in or out he goes ,
You wave and shake, and a gentle breeze blows.
I am afraid when comes the autumn day ,
And chilling wind drives summer heat away,
You'll be discarded to a lonely place,
And with my lord you'll fall into disgrace.

怨歌行

班婕妤

新裂齐纨素，鲜洁如霜雪。

裁为合欢扇，团团似明月。

出入君怀袖，动摇微风发。

常恐秋节至，凉飙夺炎热。

弃捐箧笥中，恩情中道绝。

班婕妤（生卒年不详）

汉成帝刘骜妃子，西汉女作家，古代著名才女，也是中国文学史上以辞赋见长的女作家之一。善诗赋，有美德。初为少使，立为婕妤。作品大部分已佚失，现仅存3篇，即《自悼赋》《捣素赋》《怨歌行》。

会作诗的班婕妤，终敌不过会飞舞的赵飞燕。班婕妤从繁华到萧瑟的一生，可以看作古代后宫嫔妃生命历程的一个标本。在后宫女子互相谗构、陷害中，班婕妤选择急流勇退，自请前往长信宫侍奉王太后，从此待在深宫。汉成帝崩逝后，班婕妤又要求到成帝陵守墓，以终其生。大约一年后，班婕妤病逝，死后葬于汉成帝陵中。

●译文

新裁的齐地出产的好丝绢，犹如霜雪，洁白无瑕。

用它裁出的合欢团扇啊，像那天上浑圆皎洁的明月。

随你出入，伴你左右，轻轻一摇，微风拂面。

常常担心秋天的到来，冷风会赶走夏日的炎热。

而那时的团扇啊，将被你抛弃，扔进竹箱，把往日的恩情无情断绝。

●解读

汉成帝建始元年（公元前32年），班氏被选入宫，受汉成帝宠信，被封婕妤。后赵飞燕和赵合德姐妹入宫受宠，设计陷害班婕妤。为防有生命危险，班婕妤恳求供养王太后于长信宫。在漫长而寂寞的冷宫生活中，班婕妤便作《怨歌行》，以感伤自己一生遭遇。该诗通首比体，借精美的合欢团扇被人秋后抛弃，喻嫔妃受帝王玩弄终遭遗弃的不幸命运。在后代诗词中，团扇几乎成为红颜薄命、佳人失时的象征。

有多少像团扇一样的女子，生来皎洁清丽，原本

可以被人珍爱，完美度过漫长的一生，无奈遇人不淑，
昔日有多么耀眼光洁，今日就有多么清冷孤独。新鲜
的枝叶总是被阳光格外关爱，可是那些秋天的树叶啊，
它们被大风吹落，卷入尘灰，被人践踏，谁还记得，
它们也曾经是枝头被日月浸润的鲜嫩的枝叶？多少
女子被男子挑拣，却无法主动地掌控一生。正如一把
雅致的合欢团扇，带着对爱情的期待来到世间，却终
逃不过四季轮回，在秋风瑟瑟中被人抛弃！

　　本诗欲抑先扬的反衬手法和绮丽清简的语言，也
颇为独特。前六句写团扇之美，光彩旖旎，后四句写
恐扇被弃，令人哀伤。短短十句，写出盛衰变化。两
相照映，女子美好的一生和被人为毁灭的命运，让人
不禁感叹。南朝梁文学评论家钟嵘在《诗品》中这样
评价："《团扇》短章，辞旨清捷，怨深文绮，得匹
妇之致。"

I Long for One

Yi Ming

I long for one who has left me
And gone to the south of the sea.
What shall I send to him as gift?
A pearled comb made
Of tortoise-shell ornate with jade.
When told he is untrue, I'm ill at ease.
I break and rift
The comb, I shatter
It and burn it and scatter
Its ashes to the breeze.
From now on I will never
Think of him who will sever
From me. But how can l forget the night
When barking dogs or cockcrow might
Awake my brother and his wife? I sigh and wail.
To what avail?
I hear the autumn wind so shrill
And pheasants trill,
But soon the sun will rise
And shine in eastern skies.

有所思

佚名

有所思，乃在大海南。何用问遗君，双珠玳瑁簪。

用玉绍缭之。闻君有他心，拉杂摧烧之。

摧烧之，当风扬其灰！

从今以往，勿复相思，相思与君绝！

鸡鸣狗吠，兄嫂当知之。

妃呼狶！秋风肃肃晨风飔，东方须臾高知之！

知识小贴士

　　这首诗用第一人称，表现了一位遭遇爱情变化的女子，从热恋到失恋再到复杂眷恋的情感波动，作者佚名。

　　从本诗可以看出，女子个性爱憎分明，热烈果敢，但冲动中也不乏因浓郁的眷恋而带来的内心犹豫摇摆。诗中"拉、摧、烧、扬"的一连串动作，如快刀斩乱麻，干脆利落，足可见女子内心的激愤。

　　此诗层次清晰而又错综复杂，感情跌宕而有韵致。诗人以"双珠玳瑁簪"这一爱情信物为线索，通过"赠"与"毁"及"毁后"三个层次，来表现女子的爱恨、决绝与不忍，情感大起大落，又余波不竭。清代诗词评论家陈祚明在《采菽堂古诗选》中点评说："从今以后，勿复相思！"一刀两断，又何等决绝！非如此，不足以状其"望之深，怨之切"。同时，诗中"鸡鸣狗吠"等景物的比兴烘托，对人物细微心曲的刻画，也相当成功。

●译文

我思念的人啊，在大海的南边。

我拿什么送给你呢？一支贵重的玳瑁簪最合适。

再用晶莹的珍珠精心缠绕。

忽闻你另有所爱，内心悲痛，要将礼物毁掉。

捣毁它，烧掉它，让大风将那灰烬高高扬起！

从今往后不想念，我将同你相思断！

想起当初与你约，引得鸡鸣又狗吠，兄嫂肯定已知晓。

辗转反侧心悲叹！

听到屋外秋风飒飒鸡鸣叫，只待一会儿天光亮，我将知道如何做。

●解读

当初爱他有多深，而今恨他也多深。他远在千里迢迢之外，隔着万里汪洋，我却依然爱他深入骨髓。送他的珍贵礼物玳瑁簪，是我用心挑选，又用珍珠认真装饰缠绕。每一颗珍珠都是我对他的爱，每一次缠绕都是我对他的呼唤。我恨不能变成海鸟，飞过汪洋，将礼物亲自送到他的面前。

可是而今，忽闻他变心爱上了别人，内心悲痛，被愤怒的火焰燃烧。我要将这礼物拆掉！毁坏！可是这样还是不够，我要将它投入熊熊燃烧的大火，化为灰烬，让大风将灰烬吹得一干二净！这样我就再也看不到它，再也不用想起那个可恨的人！

想起当初与他相爱，偷偷瞒着哥嫂夜晚约会，惹得庭院里鸡鸣狗吠，想必哥嫂已经知晓，也传得沸沸扬扬！这可怎么办？烦恼啊烦恼，悲痛啊悲痛，怨恨啊怨恨！唉，窗外秋风飒飒响起，鸡已在鸣叫，还是等一会儿天光大亮，再解决掉这件事！但愿那时，我能快刀斩乱麻，对他再没有丝毫眷恋！

The Pledge

Yi Ming

Oh Heaven high!
I will love him forever till I die,
Till mountains crumble,
Rivers run dry,
In winter thunder rumble,
In summer snow fall far and nigh,
And the earth mingle with the sky,
Not till then will my love die.

上邪

佚名

上邪！

我欲与君相知，长命无绝衰。

山无陵，江水为竭，

冬雷震震，夏雨雪，天地合，

乃敢与君绝。

知识小贴士

这是一首为子指天发誓要对爱情忠贞不渝的情诗，作者佚名。全诗准确表达了深陷热恋女子的心理，新颖泼辣，感情强烈，想象奇特，气势奔放，感人肺腑。明代胡应麟在《诗薮》中评价：《上邪》言情，短章中神品！

此诗将一个为追求幸福爱情而敢于反抗的女子性格表现得淋漓尽致，读后，一个情真志坚、忠贞刚烈的女子形象，清晰地站在读者面前。诗中的抒情极富浪漫主义色彩，女子爱情的烈火犹如岩浆喷发而出，不可遏制，气势雄浑，激情逼人。读者仿佛可以透过火山一样不停喷涌的诗句，听到女子急促的呼吸。这是一首用热血乃至生命铸就的爱情篇章，句式短长错杂，音节短促缓急，字句跌宕起伏。本诗对后世影响很大，敦煌曲子词中的《菩萨蛮》，明显受到它的启发。

●译文

上天呀！

我渴望与你相亲相爱，此爱长存，永不绝断。

除非巍巍群山消逝不见，滔滔江水干涸枯竭。

凛凛寒冬雷声翻滚，炎炎酷暑大雪纷飞，天地相
交融为一体，我才敢与你断绝这深爱。

●解读

你听那热恋中的人啊，她会怎么说。她恨不能时
时刻刻与他在一起，她恨不能与他水乳交融，永不分离。
她绝不能想象此生会有与他分离的那一天，那一天也
将永远不会到来，除非天地塌陷，江水枯竭，沧海变
桑田，万物全消亡！她迫不及待地要让他知道，自己
对这爱情的决绝。她要让天地作证，让这永恒的日月
也记住她心中炽热的火焰。这爱情快要将她自己燃烧、
焚毁！这爱情感天动地，即便磐石也会为之动容！即
便她和他死去,骨灰也会交融！即便她与他化为尘埃,
尘埃也会起舞！

苍天啊，请你听一听一个柔弱女子对爱情坚贞的
誓言！

You Travel on And on

Yi Ming

You travel on and on,
Leaving me all alone.
Long miles between us lie
As earth apart from sky.
The road is steep and far;
I can't go where you are.
Northern steeds love cold breeze,
And southern birds warm trees.
The farther you're away;
The thinner I'm each day.
The cloud has veiled the sun;
You won't come back, dear one.
Missing you makes me old;
Soon comes the winter cold.
Alas! Of me you're quit;
I wish you will keep fit.

行行重行行

佚名

行行重行行，与君生别离。

相去万余里，各在天一涯。

道路阻且长，会面安可知。

胡马依北风，越鸟巢南枝。

相去日已远，衣带日已缓。

浮云蔽白日，游子不顾反。

思君令人老，岁月忽已晚。

弃捐勿复道，努力加餐饭。

知识小贴士

　　这是一首反映汉末动荡岁月中，思妇离愁别恨的诗，是《古诗十九首》之一，作者佚名。

　　此诗书写了一个女子对远行在外的丈夫，深切的思念之情。首先书写夫妇的初别之情，其次描述路远相见之难，再次展示内心相思之苦，最后以自我宽慰期待作结。全诗结构严谨，层次分明。运用比兴，形象生动。语言朴素自然，不急不迫，表现出东方女性含蓄相思的心理。本诗具有淳朴清新的民歌风格，"情真、景真、事真、意真"（陈绎《诗谱》），读来使人溢满了哀愁，为诗中女子真挚痛苦的爱情呼唤所感动。

●译文

不停地走啊走啊走，就这样与你生生分离。

此后你与我相隔万里，天涯海角再难相见。

长路漫漫，艰难险阻，何时再见不知期。

胡马南来后依然依恋着北风，越鸟北飞后仍筑巢于南向的树枝。

分离的时间一天天过去，我因对你的思念而日渐消瘦，衣带宽松。

浮云遮住了白日，游子却不想回归故乡。

对你的思念啊让我憔悴苍老，眼看着一年又倏忽而过，可你却还没有归来。

还有许多的话啊不想再说，不如保重身体，留得青春容光，以待来日再相会。

●解读

那个远去的人啊，你何时才能归来？想当初你我情深意浓，与我分离时千般不舍，万般留恋，拉着我的手啊细细叮咛又嘱托。可是命运它将我们生生地拆散，此后再无音讯，仿佛它已将抛洒在天涯海角的我们，像尘埃一样完全地忘记。长路漫漫，战乱频生，我一个柔弱的女子啊，究竟该如何抵达你的身边？

你看那胡马南下，依然眷恋着北方吹来的烈烈大风。你看那南方的鸟儿迁徙北方，仍然喜欢在朝着南方伸展的枝干上筑巢。远在万里之外的你啊，怎么连它们也不如？眼看着分离的时间越来越久，我对你日夜思念，无休无止，以至于衣带渐宽，日渐消瘦。庭院里抬头，看到天上的浮云遮住了白日，让天色昏暗，我心里也因此遮满愁苦的阴云，忍不住担心，难不成你在他乡另有了新人，否则怎么会忘了回到故乡，将昔日的诺言来兑现？

这些翻来覆去的胡思乱想，和越来越重的思念啊，让我容颜苍老，憔悴不堪。眼看着一年又过，你却迟迟没有归来。我心里有太多的话啊，想对你说，只怕是大海也不能全部盛下，不如暂且将它们全抛开，姑且保重身体，留住青春容颜，待他日与你再相见。

Far, Far Away the Cowherd Star

Yi Ming

Far, far away the Cowherd Star;
Bright, bright riverside Weaving Maid.
Slender, slender her fingers are;
Clack, clack her shuttle's tune is played.
She weaves all day, no web is done;
Like rain her tears drop one by one.
Heaven's River's shallow and clear;
The two stars are not far apart,
Where brimful, brimful waves appear,
They gaze but can't lay bare their heart.

迢迢牵牛星

佚名

迢迢牵牛星，皎皎河汉女。

纤纤擢素手，札札弄机杼。

终日不成章，泣涕零如雨。

河汉清且浅，相去复几许。

盈盈一水间，脉脉不得语。

知识小贴士

　　此诗是《古诗十九首》之一，作者佚名。诗人借神话传说中牛郎织女的故事，借织女日夜思夫、无心织布、隔河落泪、对水兴叹的悲苦命运，比喻人间离妇的相思和夫妻不能团聚的哀伤，诗中暗含着某种不满和反抗。

　　牵牛和织女原本是两个星宿的名称，后来有了关于他们的民间故事。早在《诗经·小雅·大东》中，就已经写到了牵牛和织女，但那时还只是作为两颗星来写。《春秋元命苞》和《淮南子·俶真洲》中，织女开始成为神女。等到了曹丕的《燕歌行》和曹植的《洛神赋》《九咏》，牵牛和织女则成了夫妇。《迢迢牵牛星》即依据牵牛和织女的故事情节创作而成。

　　此诗想象丰富，感情缠绵，用语婉丽，构思精巧，闪烁着浪漫的绚丽色彩。全诗一共十句，其中六句使用了叠音词，即"迢迢""皎皎""纤纤""札札""盈盈""脉脉"。叠音词的使用，让这首诗质朴清丽，情趣盎然，极富音乐之美。特别是最后两句，让一个饱含离愁的少妇形象跃然纸上，同时意蕴深沉，风格浑成，是难得的佳句。

●译文

银河的东边是明亮的牵牛星，银河的西边是皎洁的织女星。

织女摆动着纤细修长的双手，织布机轧轧响个不停。

因为相思终日织不成布，她流出的泪水零落如雨。

银河看起来又清又浅，两岸相隔又能有多远。

却只能隔着轻轻浅浅的银河，含情脉脉，相视无言。

●解读

每晚在庭院里孤独劳作的女子，总是忍不住抬头看向皎洁的夜空。夜空上没有她思念的远方的丈夫，却住着一对同样凄苦的夫妻。他们分居在璀璨的银河两岸，一个是朴实的牛郎，一个是美丽的织女。她心爱的丈夫啊，一去杳无音信，不知此生是否还能与他团聚。天上的织女啊，也和她一样每日被痛苦折磨，坐在织布机前日日辛苦劳作，却因苦苦的思念，总是织不出像样的布匹。看那天上的银河轻轻浅浅，似乎并不遥远，却将相爱的两个人啊，如此无情地隔开，就这样任日月流转，熬白了头发，也将眼泪哭成人间的江河，依然无法与他团圆。

Song of the White Hair

Zhuo Wenjun

Our love like snow on mountains proud
Was bright like the moon'mid the cloud.
I' m told you'll leave the old for new;
I come to say goodbye to you.
We drink a cup of wine today;
Tomorrow we'll go each our way.
By royal moat we'll walk and go
Like waters which east or west flow .
Why should I feel so sad and drear
And like a bride shed tear on tear?
If I'd wed one with single heart,
Even white-haired, we would not part.
Long, long may be your fishing lines,
You cannot catch fishtail which shines.
If your love were constant and true,
Why so much money to go through?

白头吟

卓文君

（该诗作者有争议，《辞海》中说，
作者为卓文君此说法，不足信。）

皑如山上雪，皎若云间月。

闻君有两意，故来相决绝。

今日斗酒会，明旦沟水头。

躞蹀御沟上，沟水东西流。

凄凄复凄凄，嫁娶不须啼。

愿得一心人，白头不相离。

竹竿何袅袅，鱼尾何簁簁！

男儿重意气，何用钱刀为！

卓文君（生卒年不详）

　　本名卓文后，西汉时期蜀郡临邛（今四川邛崃）人，被誉为中国
古代四大才女之一、蜀中四大才女之一，有《白头吟》和《诀别书》
流传于世。卓文君姿色娇美，通音律，善抚琴，有文名，出嫁后丧夫，
《西京杂记》称此时卓文君才十七岁，返回娘家居住。其父卓王孙为
蜀郡临邛的冶铁大亨，仅家仆就有八百名。后卓文君与司马相如私奔，
当垆卖酒。卓王孙气愤，但终不忍，分百名仆人与百万两钱给女儿，
成就一段佳话。

●译文

爱情啊，它应该像山上的雪一样纯洁，像云朵间
的月亮一样皎洁。

听说你有了二心，所以来与你决裂。

今天置酒做最后的相聚，明日一早我们便在沟水
边分手。

我沿着护城河徘徊，过去的美好时光宛若沟水东
流，一去不返。

女子们嫁人时总是哭哭啼啼，其实哪有我现在这
般哀戚。

只愿所嫁的那个人啊，他一心一意，能与我白头
到老。

看那鱼竿轻盈细长，看那鱼竿钓着的鱼儿，活泼
地摆动着尾巴。

男子应当重情重义，怎能一大富大贵就忘了昔日
恩情。

●解读

相传司马相如写《子虚赋》被汉武帝赏识，又以

《上林赋》被封为郎（帝王的侍从官）。仕途顺利、久居京城的司马相如，忘了昔日卓文君与他深夜私奔、患难与共的深情，及千里之外她对自己的日夜思念，有了纳茂陵女子为妾的想法，卓文君听闻，遂写《白头吟》，半是决绝半是规劝。司马相如读完妻子的诗，惊叹妻子才华横溢，又遥想昔日夫妻恩爱，羞愧万分，此后不再提遗妻纳妾之事。两人白首偕老，安居林泉。

"愿得一心人，白头不相离。"这是千百年来，所有女子对于纯真爱情的呼唤。爱情是排他的，那热烈痴情的一颗心，只能盛放下一个人。爱情不能沾染任何的尘埃，它应该像天上的云朵，洁白无瑕，自由烂漫；它应该像夜空中的月亮，孤傲皎洁，照亮漆黑人间。想起昨日还与那个相爱的人啊，发出山盟海誓，彼此蜜语甜言，以为会一生相伴，永不分离。可是今天，却因他大富大贵，有了新人，要分道扬镳。你若不重情重义，我也绝不将你拖累。可是心爱的人啊，我依然想将你真诚规劝，而今你光芒耀眼，怎能将过往甘苦抛弃，怎能将我与你忍受辛酸、陪你共渡难关的往昔，无情忘记？

无疑，卓文君是一个有大智慧的女子，她没有大哭大闹，没有在愤怒之下，冲动地一刀两断。而是一

边书写自己内心的伤痛，一边对喜新厌旧的司马相如
进行规劝。就像当初她与司马相如私奔后落魄，在自
家街道对面，勇敢地当垆卖酒，完全不顾外人指点。
此刻，她也表现出作为女子的无畏与坚韧。她的决绝
中依然饱含着深情与留恋，带有理性的警戒与规劝。
如此才真正触动司马相如，让他幡然悔悟，重归于好。
叙事性与教诲性相结合，是此诗的鲜明特色。明代学
者徐师曾评论此诗曰："其格韵不凡，托意婉切，殊
可讽咏。后世多有拟作，方其简古，未有能过之者。"
（《乐府明辨》）

我有所念人，
隔在远远乡

A Woman's Love

Fan Qin

I went out of the eastern gate,
And met by chance a handsome
 mate.
To a sweet bower l was led;
Undressed, I served him in the
 bed.
We did not date' neath mulberry;
By the roadside our love was
 free.
I was enchanted at his sight,
My beauty gave him sweet de-
 light.
How to express our loving heart?
Two golden bracelets for my
 part.
How to express his gallantry?
Two silver rings were given to
 me.
How to express our feeling dear?
Two bright pearls hanging from
 the ear.
How to express feelings we
 nurse?
Behind the elbow a perfume
 purse.
How to express love in our tryst?
Two jade bracelets around the
 wrist.

How could I know our love won't
 fade?
Silken girdles adorned with jade.
How could I know our hearts unite?
Two needles joined by a thread
 white.
How could I know deep love with-
 in?
My hair adorned with gold-foiled
 pin.
How to console our parting drear?
The turtle pin behind the ear .
How to remember our delight?
A silken robe with three fringes
 white.
How to express the grief I bear.
The white silk vest and underwear.
How to forget old sorrow sweet?
Far-going shoes upon his feet.
Where did he have with me a date?
East of the mountain did I wait.
At dusk, oh! he did not come down,
But the east wind ruffled my gown.
I looked far, none did appear;
At a loss, I shed tear on tear.
Where did he have with me a date?
South of the mountain did I wait.
At noon, oh! he came not with zest,

· 236 ·

But the south wind ruffled my vest.
I could not see him, far apart;
Waiting for him would break my heart.
When did he have with me a date?
West of the mountain did I wait.
At sunset he did not come by;
I loitered and heaved a long sigh.
Looking far, I felt the wind cold.
And up and down my robe was rolled.
Where did he have with me a date?
North of the mountain did I wait.
At nightfall he did not appear;
My dress was ruffled by wind drear.
Longing for him, l could not sit;
My heart broken, could I keep fit?
Why had he loved my person fair?
For youth and beauty he did care.
Had his heart felt love for his mate,
No doubt would he then keep his date.
Lifting my robe! I tread thick grass,
Thinking he'd not deceive, alas!
I turn and loiter high and low;
My poor heart knows not where to go.
I'm grieved to find my love has fled;
My tears stream down like silken thread.

定情诗

繁钦

我出东门游，邂逅承清尘。

思君即幽房，侍寝执衣巾。

时无桑中契，迫此路侧人。

我既媚君姿，君亦悦我颜。

何以致拳拳？绾臂双金环。

何以道殷勤？约指一双银。

何以致区区？耳中双明珠。

何以致叩叩？香囊系肘后。

何以致契阔？绕腕双跳脱。

何以结恩情？美玉缀罗缨。

何以结中心？素缕连双针。

何以结相于？金薄画搔头。

何以慰别离？耳后玳瑁钗。

何以答欢忻？纨素三条裙。

何以结愁悲？白绢双中衣。

与我期何所？乃期东山隅。

日旰兮不来，谷风吹我襦。

远望无所见，涕泣起踟蹰。

与我期何所？乃期山南阳。

日中兮不来，飘风吹我裳。

逍遥莫谁睹，望君愁我肠。

与我期何所？乃期西山侧。

日夕兮不来，踟蹰长叹息。

远望凉风至，俯仰正衣服。

与我期何所？乃期山北岑。

日暮兮不来，凄风吹我襟。

望君不能坐，悲苦愁我心。

爱身以何为，惜我华色时。

中情既款款，然后克密期。

褰衣蹑茂草，谓君不我欺。

厕此丑陋质，徙倚无所之。

自伤失所欲，泪下如连丝。

繁钦（？－218年）

———

　　汉末文学家，字休伯，颍川（今河南禹州）人，以文才机辩，得名于汝颍间。曾为曹操掌书记，文辞巧丽，以善写诗、赋、文章知名于世。其传诗完整者仅4首，即《定情诗》《远戍劝戒诗》《杂诗》《槐树诗》，其中《定情诗》是他最著名也最出色的作品。

●译文

我从东门外出游玩，不经意间与你邂逅。

盼望与郎君在我的闺房幽会，我愿陪伴你的左右，侍你就寝，为你手执衣巾。

我原本没有桑中的约会，只是路人般偶然与你相遇。

我爱慕郎君的风采，郎君也欣悦我的姝容。

爱情何以如此深切？你赠我缠臂金环。

爱情何以如此殷勤？你赠我戒指银圈。

爱情何以如此谦恭？你赠我玉石耳环。

爱情何以如此真挚？你赠我肘后香囊。

爱情何以如此缱绻？你赠我一对玉镯。

我们何以缔结深情？你赠我彩带玉坠罗。

我们何以心相连？你赠我针穿同心结。

我们何以得亲近？你赠我五彩金簪头上别。

我们何以慰别离？你赠我玳瑁头钗插发云。

我们何以得欢欣？你赠我绢质三带裙。

我们何以不哀伤？你赠我白绢内衣贴我身。

你我相约在何处？就在山的东边见。

天色已晚你还没有来，清冷的山风吹着我薄薄的衣衫。

远远望去还看不到你，我含着泪不停徘徊。

你我相约在何处？就在山的南边见。

时至中午你还没有来，山风吹动我的衣衫。

左右徜徉都不见你，眺望郎君让我满是愁肠。

你我相约在何处？就在山的西边见。

夕阳西下你还没有来，我踟蹰不停长叹息。

远望阵阵寒风吹来，俯仰之间要添衣衫。

你我相约在何处？就在山的北边见。

日落黄昏你还没有来，冷风吹动我的衣襟。

每次盼望等待，我都坐立不安，悲伤溢满了我的心。

你为何会爱我？只是爱我青春年少正当时。

内心溢满深情，然后才定下约见佳期。

我提起衣裙在草地上徘徊，本以为你不会将我欺骗。

如今我因失去青春容颜被你抛，我徘徊不定不知去往何处。

伤心自己被你遗弃，泪下如雨泣涕不已。

●解读

此诗描写了一位女子无意中邂逅一位男子，彼此
相爱，私订终身，后因色衰被弃，悲伤不已。有研究
者认为，作者繁钦与建安七子生活在同一个时代，因
不得志而作此诗，以被弃女子来自喻自己的遭遇。也
有研究者认为此诗是为反映汉代社会现实而作。但不
管创作目的如何，这首诗都因奇特的风格而引人注目。

爱情像一粒种子，无意中降临到一个女子的心里，
而后生根发芽。当她与他偶然间邂逅，以为这粒种子
会蓬勃生长，永不凋零。她因为这份上天恩赐的爱，
卑微到泥土里，可是那卑微的种子，也在茁壮成长，
以至于最后化为藤蔓，将她重重缠绕，无法呼吸。他
送她的每一份信物，在她看来，都是深沉炽烈的爱的
表达。当他热烈地爱着她时，它们的确是爱情的化身。
她走到哪儿，那些信物就跟到哪儿。她原本相信彼此
会地久天长，就如那些美好永恒的信物。可是，她忘
了信物不会枯萎，她这朵娇艳的花儿，却会因时间无
情地催促而老去。一旦凋零，那个许下诺言的男人，
也就不再热烈地赴约。这世间不能永存的青春啊，这
消逝不再的爱情啊，多么让人痛苦！

中国人互赠信物的历史，可以上溯到远古，选择的信物既与彼此身份相配，也与古老的信仰相关。信物历来被称为"爱情的护身符"，每一件信物都寄托着无限美好的寓意。古代十大定情信物分别为：臂钏、戒指、耳环、香囊、手镯、玉佩、同心结、簪钗、裙、中衣。而"十大定情信物说"的起源，即是源自这首《定情诗》。

我有所念人，
隔在远远乡

The Carriages Roll

Fu Xuan

The carriages roll, oh! the horses run;
I think of you, oh! my dearest one!
Where are you now? oh! you're out of view.
Like your shadow, oh! I'd follow you.
It disappears, oh! when you're in shade;
You're in the sun, oh! and it won't fade.

车遥遥篇

傅玄

车遥遥兮马洋洋，追思君兮不可忘。

君安游兮西入秦，愿为影兮随君身。

君在阴兮影不见，君依光兮妾所愿。

傅玄（217 年—278 年）

　　字休奕，北地泥阳（今陕西铜川市耀州区）人，魏晋时期名臣，文学家，思想家。傅燮之孙、傅干之子。三国魏末，州举秀才，除郎中，入选为著作郎。撰《魏书》。后迁弘农太守。入晋以后，拜散骑常侍，多次上书言事，陈事直切。性格峻急，不能容人之短。官至司隶校尉。今存《傅鹑觚集》。娶妻杜氏，生子傅咸，也是西晋名臣，曾任司隶校尉。

　　傅玄"善言儿女之情"，其以婚姻爱情和女性命运为题材的诗歌作品，数量突出，这与傅玄"少孤贫"的童年遭遇及性格有着密切关系。他崇尚儒学，却对儒家传统的男尊女卑观念相当不满，是一名真正的女性主义作家。他的作品多思索深陷悲惨婚姻及不幸爱情的女子，并赋予她们悲怜。

●译文

车马遥遥远去，不知去往何处，追念着你的行踪，
不能将你忘记。

你现在行到何处，是否一路向西，已进入秦地，
真希望自己像影子一样伴你左右。

你在暗处的时候，影子无法伴你左右，那我就希
望你永远都在光亮处行走。

●解读

这是诗人傅玄以一位女子口气所作的闺情诗。简
短的篇幅，却刻画出女子对丈夫刻骨的思念。本诗构
思新颖奇特，比喻贴切生动，尤其最后两句，通过"形
影不离"的联想，表达出她与爱人时刻都不想分离的
美好愿望，别致地反映出女子多情灵秀的情怀。这一
比喻翻空出奇，令人耳目一新。

当一个女子陷入深沉的思念，她的魂魄其实早已
跟随恋人远去。她与他日夜兼程，马不停蹄。她什么
都做不下去，她早已与他化为一体。此刻的她不过是
一具没有了灵魂的干枯躯壳。那个真正的她，正与恋

人行走在一起，一路看遍风景。她魂魄的陪伴，让这孤独的旅程变得情趣盎然。如果他行到阴影里，温暖的光不再照耀，也就没有了她影子的深情陪伴，这千里迢迢的路途，将会多么寒冷孤寂。她因此日日祈祷，希望他永远在阳光下行路，哪怕是幽暗的月光也好，这样她的影子，将会永远伴他左右。

明代谭元春在《诗归》中评论此诗说："愿为影兮随君身"，此一句情中之最肤者也。今之作情词者，但能止此耳。下二语则梦想不到矣。"君在阴兮影不见，君依光兮妾所愿"，在阴依光，在阴字中森然秀出如许妙想，"妾所愿"三字尤押得含蓄可想。